JARDINERÍA ESPIRITUAL

JARDINERÍA ESPIRITUAL

**Cultivando el Camino de Tu
Viaje Interno**

Lic. Caroline A. Báez

Para realizar pedidos de este libro, contacte con:
Palibrio
1663 Liberty Drive
Suite 200
Bloomington, IN 47403
Gratis desde EE. UU. al 877.407.5847
Gratis desde México al 01.800.288.2243
Gratis desde España al 900.866.949
Desde otro país al +1.812.671.9757
Fax: 01.812.355.1576
ventas@palibrio.com
743570

ÍNDICE

"En el centro de tu Ser tienes la respuesta,
sabes quién eres y sabes qué quieres." ~ Lao Tzu

∞

Dedicado a mis adorados padres, mis fieles compañeros
de cabina en este hermoso viaje
y a mi hermano, cuya música interna espera compartirse con el universo.

AGRADECIMIENTOS

Luis Báez, mi querido padre: por tus invaluables sugerencias y por el ánimo
y apoyo incondicional que me brindaste durante todo este proceso.
A todos los maestros de mi vida: por todas las lecciones
que aportan a mi crecimiento continuo.
A todos mis maestros espirituales: por comunicarse
conmigo a través del silencio, del tiempo y la distancia,
guiándome hacia el umbral de mi tesoro interno.

PREFACIO

Hoy mientras leía y organizaba mis pensamientos para este libro, tuve una impactante revelación personal, una iluminación interna. Concluía mi lectura sobre un método de entrega, descrito por el Dr. David Hawkins, donde uno se desprende de las emociones negativas, las cuales crean obstáculos para alcanzar nuestras metas. A la misma ves, pensaba en una entrevista que escuché donde unos psicólogos y expertos hablaban de las herencias de patrones psicológicos intergeneracionales. Los expertos proponían que heredamos problemas emocionales, psicológicos y/o espirituales de nuestros antecesores familiares. Explicaban que existe una dinámica intergeneracional completa la cual está en juego en nuestras vidas. Esta idea resuena conmigo, ya que muchas veces he reflexionado sobre el tema de nuestra herencia fisiológica, nuestro ADN y las memorias grabadas en nuestras células para reproducirse con rastros de nuestros ancestros. Así también debemos heredar parte de la psicología de nuestros padres y sus padres al criarnos en base al marco de sus experiencias personales de la vida y las herramientas que adoptaron para vivirla. Talvez parte del espíritu de nuestros ancestros también lo heredamos y se perpetúa a través de las generaciones. Sé muy bien que heredamos muchos patrones de pensamientos no solo de nuestros padres y nuestras familias, sino también de nuestra cultura. Existen también patrones asociados al marco social y político del lugar donde nacemos y crecemos.

En ese momento de reflexión, busco dentro de mí utilizando el método del desprendimiento de emociones negativas y de esta idea de las herencias familiares. Examino que curiosamente, al no tener hijos, la herencia familiar mía termina conmigo. ¡Qué bien! Esto significa que potencialmente no afectaré/infectaré a ninguna futura generación con mi "basura" emocional. De repente me pregunto, ¿Y por qué es que resultó así? ¿Cómo llegué a esta serie de decisiones personales de haber escogido una vida atípica para una mujer: de permanecer sola sin pareja sentimental, de mantenerme célibe, de no casarme ni tener hijos?

Empiezo a reflexionar sobre las mujeres de mi árbol familiar. La mayoría se casaron y tuvieron hijos. Y las que nunca se casaron, como mis abuelas paterna y materna, tuvieron varias experiencias sentimentales. Como producto de esas relaciones, y aun siendo madres solteras, ambas tuvieron hijos y cada uno de ellos de un padre diferente. Esto era algo no convencional en las épocas de mis abuelas y habrán sido muy fuertemente juzgadas por sus entornos o la sociedad. Mis padres tienen recuerdos de haber sido ellos juzgados también por un entorno de niños con pretensiones de superioridad moral heredada de sus padres.

Solo hace unos años fui partícipe de las secuelas que dejan las decisiones de nuestros antecesores. De vacaciones en el pueblo natal de mi padre, un señor mayor reconoce a mi papá. Hablan amenamente por un rato recordando viejos tiempos. De repente el señor hace alusión a un incidente ambiguamente benigno pero, entre líneas, muy sugerente a la vida sentimental de mi abuela.

Mi padre luego del encuentro me explica que el señor menciona el incidente quizás para herirlo o humillarlo o para talvez encasillarlo en su debido sitio y recordarle su procedencia no obstante su progreso al pasar de los años, como diciendo entre líneas, "Yo sé quién tú eres." Y es que el incidente aludía a una época donde se rumoraba que mi abuela tenía un amante. Nunca supe de este rumor hasta en el momento que mi padre me hace esta revelación.

Aquí entonces mi padre me dice "¿Vez como el karma nos persigue a través del tiempo? Nuestros padres no saben el daño que les hacen a sus hijos con sus desaciertos." Concluimos que este karma de mi abuela, aunque ya fallecida, tiene secuelas en él, un efecto palpable que persigue a futura generaciones mucho después de ella haber ejecutado sus acciones y todos aquellos que quedamos indudablemente debemos enfrentar las consecuencias de las decisiones inconscientes del pasado. Somos herederos del dolor, consciente o inconscientemente, y nos hacemos responsables en nuestras vidas de pagar, trasmutar o trascender este karma negativo que hemos heredado.

Entonces me pregunto, ¿si existe alguno, cual he heredado yo? Examinando las vidas de mis abuelas veo que tomé el camino menos transitado. Evité los tropiezos de mis abuelas. Entonces me viene una revelación repentina. ¡Los tropiezos de mis abuelas son los motivos por los cuales yo estoy aquí! Si no hubiese sido por sus 'tropiezos' o decisiones, ninguno de mis padres hubiesen existido, ni los consecuentes desencadenamientos maravillosos que por separados desembarcan con mis padres en este país ajeno a ellos, los cuales resultan en mi existencia. De no ser por esos supuestos errores o desaciertos, yo me hubiese perdido la oportunidad de esta experiencia, de existir y de conocer a mis seres más amados que resultaron ser mis padres.

Me brotan las lágrimas con este destello revelador—que soy un producto de una serie de eventos complejos e interconectados a través del tiempo y del espacio, una manifestación milagrosa en la misteriosa desenvoltura intricada del Universo, que existe perfección en la imperfección y orden en el caos.

Evalúo que a lo largo de mi vida he tratado lo posible de controlar y prevenir errores en mi vida. Que sea consciente o inconscientemente he tratado de ser "perfecta" tomando decisiones con cautela, y como resultado, a veces causando confusión al momento de decidir, que desde niña traté de trazar mi camino para quizás evitar los errores del pasado familiar. No elegí el camino de las mujeres que tomaron el camino no convencional y fueron juzgadas, pero tampoco el de las que tomaron el camino tradicional, algunas las cuales tuvieron experiencias insatisfactorias o sofocadoras por elegir el camino "aceptable," el camino trazados culturalmente por la sociedad para una "niña buena," sin embargo, muchas de ellas no llegaron a sentirse del todo realizadas.

Ninguno de los dos caminos fue una opción atractiva para mí por mi deseo de evitar una decisión errónea, un tropiezo que resultase en un futuro arrepentimiento, dolor, sufrimiento y futura herencia negativa para otra nueva generación. Mis lágrimas eran lágrimas de alivio al arribar a un nuevo estrato de comprensión personal de mi niñez, adultez y mis decisiones a lo largo de mi vida.

Comprendí en ese momento que debía dejar ir, desprenderme de la necesidad de la perfección, desprenderme de sentimientos de culpabilidad por supuestos errores. Me puedo dar permiso para hacer decisiones que son auténticas a mi criterio personal sin cuestionar si son decisiones correctas en sí porque las decisiones no son ni correctas ni incorrectas simplemente son y nosotros les imponemos un juicio de acuerdo a nuestra visión personal de la vida, de acuerdo a nuestra expansión o limitación de percepción. Puedo darme permiso para acoger mis imperfecciones perfectas y recibir con brazos abiertos el caos con su orden oculto. Tengo el poder de escapar de los patrones heredados porque estos no me definen. Tengo el poder de liberarme de la trampa de sentir vergüenza por el juicio de los demás, porque en realidad la opinión ajena no tiene ni el poder de definirnos ni el poder de limitarnos. Nuestra esencia es sabia, infinita e ilimitable. Puedo entregarme a la desenvoltura del Universo con plena confianza porque todo está bien y seguirá estando bien mientras permanezca alineada a mi verdadero Ser y a la fuente creativa del Universo. Puedo escoger ser libre de la rigidez de expectativas autoimpuestas por mi "yo" falso, mi ego, lo cual no es más que un yo de limitaciones impuestas por la mente. Tengo el derecho y el poder de escoger el camino de la liberación, el camino interno a mi verdadera esencia—la Conciencia Pura o Infinita.

Talvez habrán cosas que te avergüencen revelar o admitir en ti mismo, por tu presente, tu pasado personal o pasado heredado, situaciones que ocultas por el juicio de los demás, pero debes ser valiente para permanecer auténtico a ti mismo y despojarte de las capas de sufrimiento. Mientras no tengas la valentía de calar profundo y revelarte a ti misma los patrones que obstaculizan tu progreso espiritual no puedes ser del todo libre.

Ni los patrones negativos de tu pasado, ni los patrones heredados de tus antecesores te definen; te puedes escapar de ellos. Somos nuestra conciencia, somos un reflejo de nuestras intenciones y de cómo escogemos procesar el mundo en que vivimos. Somos algo mucho más expansivo que las historias limitadas de nuestro pasado y de las historias limitadas de quienes descendemos. Estas historias no pronostican lo que procede de nosotros. El problema existe cuando te defines y te identificas con tu pasado, con tu herencia y con lo que otros opinen de ti. Cuando te identificas con limitaciones y con una falsa imagen de ti, es porque desconoces tu verdadero origen y tu verdadera esencia. Muchas veces caes en la trampa de buscar la aprobación de los demás para validar tu sentido de ser. Cuando te importa la opinión de los demás, te conviertes en cómplice de tu propio encasillamiento y limitación. Te conviertes en el carcelero de tu propia prisión.

No podrás controlar lo que otros opinen de ti, pero sí eres responsable de profundizar en el conocimiento profundo de tu Ser. Eres responsable de tu estado de conciencia, de tus intenciones, de tus acciones, de tus escogencias y de la energía que irradias en ti y en tu entorno. Eres libre cuando te alineas a tu verdadero Ser, más allá de las etiquetas autoimpuestas y aceptadas por ti y provenientes del mundo exterior. Cultivando el camino interno hacia el jardín florido de tu alma, puedes manifestar todo lo que deseas, creando, creciendo, y trascendiendo a nuevos y luminosos horizontes.

Siento el deseo de compartir mis revelaciones en este viaje interno hacia la liberación espiritual, liberación de la prisión que nos autoimponemos por falta de reflexión, por inocencia, por desconocer como tornar el foco al Maestro Interno que todos llevamos dentro de sí, el cual nos hace revelaciones y nos guía mediante el idioma del silencio y la quietud si escuchamos con el alma. Sintiéndome agradecida por esta iluminante revelación, por la oportunidad de compartir mis reflexiones en el camino hacia la verdadera libertad, y con la intención de que pueda servir al lector como una pequeña guía, les deseo a partir de este momento un Feliz Día de la Independencia hoy y todos los días de sus vidas.

Luz y Amor,
Lic. Caroline A. Báez
Julio 4, 2015

INTRODUCCIÓN

A nivel profesional y personal, he tratado a diario con muchos individuos—tanto clientes como amistades y familiares— y he observado de cerca una necesidad en muchos de encontrar una conexión, de compartir y desahogarse de sus problemas personales. He presenciado mucho sufrimiento. En mi profesión como abogada en Nueva York he proveído asesoría a muchas personas en el aspecto legal y fiscal, pero muy frecuentemente los servicios que proveo son solamente soluciones a una capa de sus problemas que muchas veces son síntomas de un sufrimiento más profundo. He consultado a clientes que van revelando sus sufrimientos personales, de sus relaciones, sus familias, su salud, su estado general de felicidad y a veces quejas de lo que consideran una vida ingrata. Muchos de estos individuos desean algún consejo o por lo menos que los oigan compasivamente y les ofrezcan un consuelo para aliviar sus penas.

Este libro va dirigido a aquellas personas que a pesar de disfrutar de ciertos placeres de la vida llegan a la conclusión que una pieza integral para su felicidad les hace falta o algo no marcha del todo bien, personas que sienten que hay algo más allá de sus vidas cotidianas para una existencia plena y realizada. Por instinto sienten que existe otra dimensión de la vida que los elude y que están viviendo una existencia de dos dimensiones en una vida tres dimensional.

Estos pensamientos son muy naturales porque eventualmente llegamos a la conclusión que no podemos experimentar una felicidad permanente que provenga de cosas ni de los placeres efímeros de la vida. Este es el primer paso para explorar otros Campos Elíseos otro Jardín del Edén.

Explorando y adoptando un nuevo estado de consciencia, una visión nueva y expansiva de la vida, no perdemos nada, sino más bien tenemos mucho que ganar. Nuestra realidad (el mundo, el universo, la vida) es un espejo que refleja nuestra visión del mundo. Cuando nuestra visión es expansiva y positiva, nuestras vidas se convierten en un reflejo de esa misma realidad y por ende, ese espejo es donde también nuestras limitaciones se reflejan y se magnifican en nuestras vidas como una imagen en alta definición.

DONDE COMENZAR

¿Qué es lo que más necesita el mundo? Yo digo que sanación, no solo sanación física, mental y emocional sino al nivel más profundo del alma. La mayoría anda deambulando por la vida herido, dolido, sufriendo, quejándose. Estos son síntomas de enfermedad. Y es que estamos tan acostumbrados a este estado de vida que muchas veces pasa desapercibido y lo aceptamos como una condición natural de la condición humana. Muchos aceptan el sufrimiento como una realidad inevitable de la vida y de la cual no hay escapatoria.

Lamentablemente, nuestra sociedad nos acondiciona a buscar remedios para sanarnos fuera de sí mismos. Siempre estamos en busca de la píldora milagrosa para bajar de peso o para combatir la depresión. Observamos, muchas veces, el uso o abuso de la comida, del alcohol o de las drogas para anestesiarse ante el dolor emocional. Nos adoctrinan con la idea de nuestra "alma gemela" para combatir el vacío de la soledad, la casa perfecta o el carro del año para cumplir con nuestra idea de la felicidad la cual no es más que una idea ilusoria que nos han vendido de la felicidad y la cual muchos hemos pasivamente comprado/aceptado como tal. Terminamos comprando y llenando nuestras vidas de cosas superfluas que jamás llenan el vacío interno. "Compramos cosas que no necesitamos con dinero que no tenemos para impresionar a personas que no nos caen bien" como expresa la cita popular del autor Dave Ramsey. Sin embargo, nada de esto te acerca a la vida plena y a la felicidad que te imaginabas y tanto añorabas.

Mucho se oye hablar del "Sueño Americano" o del triunfo profesional y económico. Poco se habla de la liberación del sufrimiento y de la llave de la felicidad que existe dentro de uno mismo. Casi nunca te enseñan a tornar el foco de afuera hacia adentro, y muchos ni entienden qué significa, ni mucho menos como hacerlo.

El problema es que:

Ø Confundimos quienes somos con el contenido de nuestras mentes.

Ø Confundimos la vida con el contenido de nuestras vidas.

Ø No aceptamos la impermanencia ni el cambio como algo inevitable y natural.

Ø El sufrimiento existe por el apego y el miedo a la perdida de cosas, personas y situaciones todas la cuales son impermanentes.

Ø Nada ni nadie nos provee el verdadero estado de Felicidad ni del Amor.

Una anécdota iluminante al respecto me la ofrece mi hermano. Mi hermano trabaja como oficial del orden público en el sistema penal de la ciudad de Nueva York. Un día, en el transcurso de sus oficios en la cárcel, un interno, observando que mi hermano lleva consigo las llaves de las celdas colgadas en su corréa, le dice jocosamente, "¡Ay, dame la llave para salir de aquí!" Mi hermano le responde mirándolo fijo con una media sonrisa y con su prototípica manera sagaz y profunda le responde, "¡Tú siempre has tenido la llave!" El interno reacciona sorprendido, detenido en un repentino relámpago pensativo por la veracidad de la revelante respuesta. Los otros internos a su rededor se sonríen a su vez, acertando con sus cabezas, cada uno de ellos enfrascados en sus propias reflexiones, transportados lejos por las fuertes corrientes de sus respectivas historias y diálogos internos. Esta anécdota siempre me sirve como un recordatorio que la más simple verdad elude a tantos talvez por su misma simplicidad.

Indudablemente, quienes creemos ser determina el marco de nuestra visión y de nuestra experiencia de la vida. Por lo tanto, la intención de este libro es que sirva como un paso inicial al reencuentro con sí mismo, a la liberación de la identificación con el ego o "yo falso", sirviendo así como un paso inicial a la liberación de viejos patrones negativos y de herencias kármicas. Liberándonos, podemos presenciar el movimiento dinámico de nuestro Ser Infinito (Conciencia Pura) en este mundo transitorio terrenal, y de esa manera, vivir una existencia humana más despierta, feliz y expansiva. Damos inicio a este estado expansivo con un diálogo interno, respondiendo a un llamado íntimo y a su vez universal que nos susurra desde el interior del alma, lo cual nos une a todos en una conversación antigua y de todos los tiempos.

Cultivar este camino íntimo como un jardinero espiritual significa sembrar semillas de bienestar, nutrir y regar a diario, con amor, compasión y felicidad, intenciones positivas que impulsen pensamientos, palabras y acciones afines a lo mismo que deseamos cosechar o manifestar en nuestras vidas. Significa cultivar un estado de aceptación y de responsabilidad en cuanto a nuestras escogencias diarias y en cuanto a nuestra evolución de conciencia, lo cual tiene efectos holísticos a nivel personal y colectivo, material y espiritual. Mediante este viaje interno redescubrimos la llave que nos libera del sufrimiento y nos abre el portal expansivo del campo de todas las posibilidades.

Les aporto mis reflexiones sobre las enseñanzas más impactantes de los maestros de mi vida a fin de que encuentren paz, amor, abundancia y felicidad. Si este sirve para ofrecer un poco de luz, si contribuye a que el lector se acerque al Maestro Interno que cada cual lleva dentro de sí, si contribuye a la liberación de la prisión interna y autoimpuesta por cualquier programa negativo, habrá entonces este humilde aporte cumplido con su propósito.

1

PEREGRINAJE AL SER MÁS ALLÁ DEL YO: MI VIAJE INTERNO

Mi camino personal al que llamo un peregrinaje a mi Ser más allá del "yo," comienza como el de muchas personas, inicia por medio del sufrimiento. Estaba en la facultad de derecho donde llevaba mucha presión y un tren de estudio bastante exigente y agotador. Lo sabía manejar y académicamente estaba triunfando ya que, desde niña, siempre tuve una personalidad muy determinada y un enfoque resuelto para brillar y triunfar en lo que me trazaba como objetivo. En esta ocasión, mientras mi mente se ocupaba en mi meta, todo aparentaba muy bien. No obstante, en el tiempo de descanso, cuando la presión académica no era un factor, sentía que algo me hacía falta. Era una época en la cual me sentía sola y triste y sentía la necesidad de compartir con alguien, compartir con personas que se compenetraran conmigo a un nivel profundo y sincero. Mis expectativas de la felicidad estaban fuera de mí. Me doy cuenta en retrospectiva que ese siempre fue el caso desde muy niña. Esperaba que en el futuro la obtención de un título profesional, ganar el codiciado salario de seis figuras, vivir en la mansión de mis sueños y tener a mi lado el hombre de mi vida me darían la felicidad que anticipaba, como en todos los cuentos de hadas, por supuesto.

Durante esa misma época suceden los eventos del 11 de septiembre; sacudió a Nueva York y se estremeció no solo la ciudad, sino también mi alma. Entré en lo que considero una crisis existencial. Jamás había sentido tanta incertidumbre y terror en mi vida. Pienso que, al igual que muchos en mi ciudad y en nuestra nación, perdí una parte de mi inocencia ese día. Perdimos la inocencia de sentirnos impenetrables. Se desgarró nuestro manto de protección hermética ante el Eje de Mal. Se quebró para siempre la burbuja ilusoria en la cual vivíamos.

Me sentía vulnerable y percaté la fragilidad de la vida como nunca antes. Empecé a cuestionar mi propósito y el propósito de la vida en sí. Nada tenía sentido. Me sentía deprimida, sin deseo de asistir a clases. ¿Cuál era el propósito de todo este esfuerzo, de querer sobresalir con un alto promedio y obtener un título si mi vida podría esfumarse en cualquier momento? ¿De qué sirvió todo ese esfuerzo para todas aquellas personas inocentes que se despertaron, como cualquier otro martes, para encontrar su horroroso final? No había garantías en esta vida. Podríamos planear toda una vida para nada. Esta crisis interna se agregó a mi sentido general de inseguridad y vulnerabilidad.

Las personas con quien me relacionaba y de las cuales me atraía en esa época comenzaron a revelarme emociones y pensamientos inexplorados en mí. Buscaba seguridad y aprobación de las relaciones y me sentía afligida y desilusionada por el rechazo. A la misma vez vivía un ambiente de tensión y hasta de competencia con quienes me asociaba en la facultad de derecho, un mecanismo de defensa y de poder falso donde mi ego estaba muy activado. Mi ego se enamoraba del ego de los otros. El ego de mis pretendientes se enamoraba del ego mío. Ningunas de las relaciones estaban fundamentadas en nuestra verdadera esencia. Cuando los egos chocaban, entraba la desilusión; se desboronaba la versión ideal de la cual me había enamorado. Apariencia física, intelecto, falsa humildad, sentido de superioridad para enmascarar el sentido de inferioridad—pocos, en sí, sabíamos quiénes éramos. Ahora entiendo que nos estábamos relacionando a nivel de nuestras mascaras. Cargábamos con el pesado bagaje emocional de nuestro pasado, el cual se reflejaba en nuestras relaciones.

Después de una desilusión afectiva, inicié una relación sentimental la cual al inicio me hacía muy feliz y por lo tanto pensaba que estaba, por fin, llenando el vacío emocional que sentía. Sin embargo, con el tiempo esta relación también comenzó a revelarme mis propios defectos como en primer plano o el reflejo de un espejo. Estaba ciegamente buscando completarme a través de esa relación. Era un patrón de percepciones y pensamientos lo cual venía arrastrando personalmente a través del tiempo y que ahora se mostraba ante mí, como en alto relieve. Aquí llegué al punto crucial. A raíz que empezaron a surgir dificultades en este vínculo, me enfrenté con mis propios demonios: apego, inseguridad, celos, desconfianza, necesidad de aprobación, sentido de culpabilidad, ira, miedo. Dentro de la relación descubrí que en realidad no sabía ni quién era ni qué realmente quería, y eso me asustó.

Percibí de cerca el vacío emocional que me invadía lo cual la relación no podía llenar. No quería cometer un error para luego arrepentirme, entonces ni me comprometía de lleno a la relación para llevarla a un nivel más serio, ni me salía de ella. La relación estaba en un limbo por mi indecisión y mi pareja se frustró porque no definía claramente mis intenciones. Era realmente un impasse en mi vida. Cuando le comunicaba a mi pareja que tenía miedo porque no creía saber ni quién era ni donde iba con certeza, me aseguraba que lo único que necesitaba era estar con él, y esto aumentaba mi confusión.

Sin duda alguna, la realidad es que estaba buscando seguridad, amor y felicidad fuera de mí cuando todo lo que necesitaba estaba en mi interior. Por más que esta persona quisiera, me di cuenta que jamás me podría dar lo que yo realmente necesitaba, lo que tendría que redescubrir por mí misma en una jornada personal, en un peregrinaje solitario al interior de mi propio Ser. No creo que hubiese comprendido esta realidad si no hubiese sido por mi deseo ingenuo de querer encontrarme, de querer realizarme a través de él.

Entendí, por primera vez, que era posible estar con alguien y a la vez sentirse sola. Con el tiempo llegue a sentir su abrazo vacío, lo sentía desconectado y distante como si estuviese únicamente reflejando mi aparente necesidad de una conexión profunda. Llegué a sentir que me miraba pero no me veía. A veces me llegue a sentir invisible y sola, pero no lo culpo a él de esto. La verdad era que estaba ingenuamente imponiéndole una responsabilidad a él que jamás le correspondía, el de completarme—una tarea imposible de cumplir. Tenía ciertas expectativas de él, lo cual yo le ocultaba, y sin embargo esperaba que él me las supliera, como si fuese un adivinador mágico de mis necesidades emocionales y el único responsable de rescatarme de mis dragones internos, de cumplir la promesa implícita de una conclusión feliz a mi cuento de hadas.

Ahora comprendo que con mi estado de conciencia en esa época realmente no podía ofrecer nada de valor a una relación. Inconscientemente yo estaba jugando roles—yo adorable, yo sexy, yo chistosa, yo inteligente, yo aguda, yo juguetona, yo pícara. Al igual que en pasadas interrelaciones de potencial romántico, me cuestionaba en su presencia y me sentía como si estuviese tratando de dar la talla a una prueba de tornasol, no divulgada por él, de quien fuese su Alma Gemela Ideal. ¿Cuánto podría durar esto? ¡Era una farsa agotadora! Era como mantenerse posando durante toda la relación, como en una serie de pinturas de naturalezas muertas, una belleza romántica frisada en el tiempo, fija y bidimensional sin ninguna posibilidad de movimiento o expansión.

Al final, yo era la única responsable por imponerme esta carga, temiendo que no daría la talla a ¿mi?, ¿su? versión ideal de "mí." Yo era la responsable de haberme deshumanizado como un objeto. Si estar en una relación sentimental me iba a ser feliz y esto representaba estar en una relación, entonces esa condición estaba demasiado sobrevaluada y quedaba muy por debajo de mis expectativas. Se sentía superficial e insatisfactoria. Sabía que esto no era felicidad. Ahora, en retrospectiva, comprendo que mis emociones, percepciones y expectativas estaban fundamentadas en la oscuridad e inconsciencia de mi ego, de mi "yo" falso.

Ahora también comprendo que no estaba del todo presente en la relación y sin presencia no existe la oportunidad de "ver" profundamente lo que no se puede ver con los ojos de simple mortales. Finalmente, uno desea verse a sí mismo reflejado en el otro, ver y sentir espiritualmente a través de una conexión verdaderamente profunda, una conexión del alma. Llegué a sentir que me estaba dejando llevar por la corriente de nuestro romance, esperando llegar a aguas más tranquilas, claras y profundas. A veces no me sentía como mí misma en su presencia. Me sentía incomoda en mi propia piel, inquieta o fuera de lugar como si necesitase llenar las expectativas aún desconocidas de él—muy probablemente un producto de mi propia proyección, pero, ¿Quién era yo realmente? Esto había sido territorio hasta ese punto desconocido por mí. Todavía no habría de navegar las inexploradas aguas profundas de mi alma, de mi propio Ser. Al terminar la relación, comienza una nueva etapa de auto-descubrimiento en mi vida. De este modo comienza mi peregrinaje interno al Ser más allá de mi "yo." Aquí comienzo a cultivar el camino espiritual de mi viaje interno. Aquí comienzo a sanar y a ver con más claridad.

Sería muy fácil vilificar y culpar las acciones y omisiones de las personas con quien compartí esa etapa de mi vida. Sería también muy fácil lamentarme y culparme a mí misma sin tomar responsabilidad personal de mi parte en los eventos—sin tomar responsabilidad de crecer y expandir a raíz de cada experiencia de esa época. La verdad es que talvez el comportamiento de ningunas de las partes había sido ideal, pero ningunos de los participantes podíamos exigir comportarnos de una manera diferente a nuestro estado de conciencia en el momento. Ahora comprendo que operábamos desde nuestro ego, cada cual buscando encontrar en el otro lo que su ego deseaba y pensaba necesitar en el momento. Lo importante es que cada relación, sea romántica o no, nos ofrece un espejo para ver reflejados precisamente donde necesitamos sanar, aprender, transformar, expandir, trascender. En sí, las verdaderas lecciones nos las ofrecen nuestras reacciones al comportamiento de los demás. Nuestras reacciones y emociones nos ofrecen la oportunidad de profundizar interiormente para expandir a un estado de conciencia de plenitud y auto-realización.

Entiendo que los breves encuentros con cada persona en esta vida han sido necesarios para nuestras jornadas individuales hacia nuestro autodescubrimiento, hacia nuestro crecimiento y hacia el verdadero Amor.

Con ninguna experiencia uno pierde; ninguna experiencia es desaprovechada. Cada capa de dolor, sufrimiento, risa y regocijo, contribuye a nuestra evolución y a la expansión de nuestro estado de conciencia. Cada decisión, cada acción y cada encuentro dejan su marca y nos guían hacia el camino de nuestra destrucción o nuestra salvación, hacia la prisión de nuestra propia creación o hacia nuestra liberación. Cada cual de nosotros compartimos la responsabilidad de nuestras mutuas auto-creaciones y todos somos cómplices-co-responsables los cuales nos intersectamos en concierto con todos aquellos individuos e incidentes aparentemente fortuitos que se maniobran dentro y fuera de nuestras vidas a diario.

Me doy cuenta que me he estado parteando, dando a luz, a mí misma por medio de cada experiencia. Comprendo que cada capítulo de mi vida ha sido necesario, de la cual no me arrepiento. No existen errores en esta vida. Cada episodio ha servido de guía hacia el umbral de mi propio Ser y de esto me siento muy agradecida. Y es que, cada experiencia de nuestras vidas, ya sea un componente integral o no, se convierte en un elemento de diseño en el tapiz intricado de nuestras vidas, donde el significado independiente de cada experiencia es imperceptible como tal cuando se admira a la distancia. Sin embargo, de cerca y bajo un escrutinio minucioso, vemos cada elemento entretejido sutilmente a través del tapiz entero, contribuyendo a su naturaleza única, añadiéndole varias dimensiones de riqueza y de textura.

En esta vida cada cual emprende su viaje individualmente y en ese respecto estamos "solos," como viajeros solitarios, procesando el mundo a través de nuestros ojos y mentes personalizadas. Somos individualmente responsables de este viaje y de donde nos lleva. Al final todos somos buscadores—buscamos lo mismo, el regreso a casa, el regreso a la integridad. Perdemos el camino por mirar en la dirección contraria, muchas veces mirando fuera de nosotros para sentirnos completos a través de otras personas y de cosas materiales.

Nuestra sociedad y nuestra cultura nos acondicionan a buscar amor y felicidad fuera de nosotros mismos, pero uno solo puede buscar lo que piensa carecer. Rara vez nos enseñan que el Amor y la Felicidad ya residen dentro de uno, solo tenemos que re-descubrirlo. Me encanta una cita del Maestro Budista Chino Tai Xu, "Mientras el árbol se encuentre detrás de ti, solo verás su sombra. Si deseas tocar la realidad, tienes que voltearte." Tenemos que voltearnos hacia sí mismos, donde siempre hemos tenido la llave de nuestra liberación y de un estado de conciencia despierto y expansivo. Entras en este estado de Ser, en este espacio interno, de donde sea que te encuentres personalmente en tu vida. No tienes que ir a ningún lugar especial ni emprender ninguna acción grandiosa para ser testigo de la amplitud de tu espacio interno. Solo tienes que establecer un estado de presencia y de quietud. Ahí comienza el simple pero fácilmente eludido peregrinaje interno a la profundidad del Ser, de nuestro Yo Superior, el Ser más allá de nuestro "yo."

2

SUFRIMIENTO: PORTAL A LA LIBERACIÓN

"La herida es el lugar donde la Luz entra en ti." ~ Rumi

RECONOCIMIENTO DEL SUFRIMIENTO

El primer paso para iniciar el camino hacia la liberación es reconocer y enfrentar nuestro sufrimiento. Cuando hablo del sufrimiento no hablo solamente del sufrimiento ocasionado por una grave tragedia personal, sino también del sufrimiento que muchas veces se oculta internamente y no es evidente a primera vista. Existen diferentes niveles de sufrimiento, algunos más leves y pasajeros que otros, y en algunas ocasiones de nuestras vidas hemos enfrentado algunos de estos momentos. Algunas personas sufren por una condición física, por enfermedad, por una pérdida familiar o una situación económica difícil. Algunos han sufrido por la soledad mientras otros sufren por asociarse a personas nocivas. Los padres sufren por las situaciones de sus hijos, y muchos hijos también sufren por sus padres. A veces se sufre por memorias del pasado que nos atrapan y que aparentan marcar profundamente nuestras vidas. A veces se sufre por cargar rencores o remordimientos del pasado. Otras veces se sufre por ansiedad ante un futuro incierto. Sufrimos cuando sea que sentimos vergüenza, desilusión, aburrimiento, tristeza, miedo, celos, envidia, ira, odio, culpabilidad. Estas son una gama de emociones que pueden abarcar todo lo largo de una vida y a veces hasta toda una vida a lo largo de un solo día.

¿Pero es necesario aceptar estas emociones como parte de nuestra condición humana? ¿Debemos conformarnos de vivir con el yugo del sufrimiento como parte integral de nuestra existencia, como una prisión sin salida? La respuesta es rotundamente ¡NO! Existe una manera de liberarse de esta prisión y la llave existe dentro de uno mismo. El primer paso es sincerarse con uno mismo, salir de la negación cuando estamos experimentando algún nivel de sufrimiento, reconocer el malestar, admitir que deseamos y que merecemos sentirnos plenos y por lo tanto estar dispuestos a descubrir la llave de la liberación y hacia la verdadera Felicidad. Requiere aceptación y valentía de parte de uno y ante la condición o condiciones de nuestro sufrimiento y requiere la responsabilidad de emprender el camino hacia la transformación. Como la frase de Rumi citada al principio de este capítulo, nuestras heridas nos proveen el portal propicio para que entre la Luz que nos guía hacia nuestra sanación y hacia el camino de la liberación. El camino lo comienzas a partir de ahora, de donde sea que te encuentres no importa la situación de tu vida. Comienzas a cultivar el camino de tu viaje interno para liberarte del sufrimiento con ternura y paciencia. No obstante tus actuales circunstancias, donde sea que te encuentres en este momento, tu punto de partida para tu viaje interno es aquí y ahora.

¿POR QUÉ SUFRIMOS?

La causa principal por la cual sufrimos es porque no sabemos quiénes somos. Pensamos ser quienes en realidad no somos: nuestro cuerpo, nuestros pensamientos, nuestro género, nuestro título profesional, nuestro nivel socio-económico, nuestros roles de empleados, padres, hijos, esposos, esposas etc. Nos identificamos con nuestro nombre, nuestra raza, nuestra nacionalidad, nuestra cultura, nuestros partidos políticos, nuestras adquisiciones materiales o con la carencia de ellas. Sin embargo, todas estas cosas y etiquetas son pasajeras y no abarcan nuestra verdadera esencia. Definirnos por estos conceptos limitados nos convierte en prisioneros de nuestras propias definiciones o de las definiciones y etiquetas que nos imponen, y las cuales aceptamos del mundo externo. Esto resulta en que nuestra realidad y nuestra experiencia de la vida se limiten a estos mismos márgenes autoimpuestos por una visión estrecha de sí mismos.

Todas esas cosas materiales y etiquetas con lo cual nos identificamos es ego y nuestro ego no es más que un "yo" falso y limitado. Todos tenemos un ego y la existencia del ego depende de autodefinirse por medio de los pensamientos y la adquisición de cosas materiales para ensanchar o expandir su sentido de identidad, su sentido de ser. Partimos de la premisa que somos incompletos y por lo tanto pensamos que entre más cosas materiales y etiquetas adquirimos más "somos." Pero esta es una premisa errónea. Ni somos nuestro ego, ni somos incompletos.

Confundimos quienes somos con el contenido de nuestras mentes. Sin embargo, el contenido de nuestras mentes, los conocimientos que se almacenan y los pensamientos no son más que herramientas para navegar el mundo físico de los cinco sentidos. Confundimos la vida con el contenido y las situaciones de nuestras vidas. Sin embargo, el contenido y las situaciones que vivimos a diario son todas cambiantes y pasajeras y consecuentemente jamás nos pueden proveer con una identidad firme y permanente. Nuestro ego nos conduce a mirar fuera de nosotros para buscar respuestas a nuestras inquietudes, para buscar cosas materiales y hasta buscar a otras personas para completarnos, para buscar alivio de nuestro sufrimiento y llenar el vacío emocional interno.

Pero buscando fuera de sí mismos, en el mundo de las formas, encontramos cosas materiales, placeres efímeros, y hasta personas, que muchas veces proveen solo un alivio y una felicidad temporaria. En cuanto se termina el efecto pasajero se busca una nueva cura para calmar el sufrimiento y tratar de llenar de nuevo el vacío. Indudablemente, el ciclo se repite porque la supuesta cura es provisional ya que solo sirve de remedio paliativo que alivia y temporariamente elimina los síntomas de un malestar y una enfermedad más profunda. Para realmente sanar es imprescindible curar la enfermedad de raíz en vez de tratar los síntomas. No le temas a tu sufrimiento, es tu portal a la transformación, tu oportunidad de trascender tus viejos patrones y tus percepciones infructuosas—es el portal para tu renacimiento a nueva vida. El próximo paso necesario para salir de este patrón interminable es reconocer y explorar la realidad más allá del mundo físico de los cinco sentidos y más allá del ego. Es ver la Luz y caminar en su dirección para unirnos a ella.

3

VOLTEANDO EL FOCO AL ESPACIO INTERNO

"Yo no soy este pelo, Yo no soy está piel. Yo soy el alma que vive dentro..." ~ Rumi

¿Quién eres? Comenzando aquí es que definimos nuestro propio paradigma, sea para limitarnos y aprisionarnos o para expandir y liberarnos. Esta pregunta básica y a la vez universal nos une a una conversación continua que abarca todos los tiempos. ¿Te consideras un conglomerado de nervios, huesos y sinapsis musculares y cerebrales, una evolución biológica de pensamientos complejos, un ser únicamente terrenal? ¿Te consideras un ser espiritual y expansivo, interconectado en una red inteligente y evolutiva de expresión Divina? ¿Te consideras un ser terrenal que ocasionalmente tiene una expresión o vivencia espiritual o un ser espiritual que está viviendo una existencia terrenal temporaria e impermanente? Cómo respondes a estas preguntas determina el color de tu mundo, el significado o propósito de tu existencia y define tu experiencia de la vida. Si decides que eres tu ego, tu mente o tu cuerpo, tu realidad personal se limitará a una experiencia humana que únicamente abarcará el mundo físico de los cinco sentidos. No es que esta realidad sea mala o inferior, sino que solamente alcanza un estrato de una realidad que es mucho más expansiva. Si te reconoces como un ser divino viviendo una existencia humana temporaria, tu realidad se expande a una experiencia humana que abarca el mundo más allá de lo físico y hacia una realidad espiritual expansiva que nos permite acceso a la abundancia del Universo y a la liberación del sufrimiento.

No obstante, esto no significa que tenemos que escoger entre el mundo material y el mundo espiritual. De hecho, en esta manifestación humana y terrenal en la cual vivimos, estamos experimentando una dimensión milagrosa de la expresión Divina. Entonces, el punto es reconocer que podemos vivir con una conciencia despierta, con una conciencia de Divinidad dinámica que se mueve y circula a través de nuestra expresión humana—lo cual denomino un estado de humanidad consciente. A este nivel experimentamos la relación simbiótica entre nuestra dimensión espiritual y terrenal. Desde luego, es posible vivir una experiencia holística o integral, nutriendo nuestra mente, cuerpo y espíritu por medio de un consumo consciente a nivel material y espiritual, de lo cual abundaremos más adelante. Así disfrutaremos la plenitud de nuestra dualidad espiritual-terrenal que milagrosamente se nos brindó vivir en este pequeño paréntesis en la eternidad.

EGO: EL YO FALSO

El ego es nuestro sentido de identidad en el mundo de las formas. El ego se comprende de dos elementos: la función de desear y el almacén de sus posesiones. Podríamos comparar al ego con un niño caprichoso cuya función insaciable es querer todo lo que ve en las tiendas. Su función es pedir y desear todo lo que cautive su atención y su imaginación. Cuando obtiene el juguete ansiado, tiene un período de satisfacción y felicidad, pero es una emoción pasajera porque llega el momento donde el juguete pierde su brillo y su encanto y el niño vuelve a tornar su foco a un nuevo objeto. No importa cuántos juguetes haya acumulado este niño caprichoso. Cuando toma inventario de su gran almacén de juguetes todos le aburren, y por lo tanto, siempre necesita y desea algo más para ser feliz. Tal y como un niño caprichoso, el ego se comprende de la función fundamental e insaciable de desear perpetuamente y del almacén de etiquetas, objetos y símbolos que va acumulando con el fin de ensanchar su sentido de identidad. El almacén se refiere a las cosas o símbolos en sí que aportan al sentido de identidad del ego. Por ejemplo, todo con lo que "yo" se identifica o lo que es "mío" sirve de "valor agregado" para el ego.

El ego es una formación de la mente y existe en base a percepciones y patrones de pensamientos del pasado y del futuro. Opera en el mundo de las formas en lo que podemos describir como una dimensión horizontal lo cual experimentamos como la realidad física de espacio-tiempo. Depende del concepto del tiempo para existir porque el ego se define y expande o limita su sentido de identidad basado tanto en su historial como en lo que anticipa y desea para el futuro. El ego nunca se siente satisfecho con el estado actual y las condiciones del presente—nunca se siente suficiente en sí mismo y nunca siente que posee suficiente cosas. Cuando existe una meta o alguna cosa que desea, no se satisface hasta que la logre pero desde que la logra y se desvanece el encanto inicial de lo adquirido, vuelve a sentir el vacío y busca algo nuevo para lograr o poseer. El ego busca curas temporarias para su malestar de insatisfacción crónica.

Todo camino espiritual, todo camino a la liberación conlleva eliminar o disminuir nuestro ego. Cuando se elimina el ego llegamos a la naturaleza de nuestra verdadera esencia, nuestro Yo Superior, nuestro Maestro Interno lo cual es la Sabiduría Divina, una chispa de la Unidad Divina. Llegamos a lo que se ha ocultado por los programas negativos que hemos adoptado a lo largo de nuestra humanidad como lo son la competencia, la envida, la ira, el orgullo, sentimientos de culpabilidad y de desconfianza. Disminuyendo nuestro ego y volteando el foco a nuestro espacio interior llegamos a nuestra verdadera esencia donde operamos desde un estado de conciencia de Amor, Paz y Felicidad donde existe la cooperación, la armonía, la bondad, la compasión, la confianza en sí mismo y en el Universo.

YO SOY: EL YO SUPERIOR

"No ser nada es la condición requerida para Ser...". ~ Rumi

Esta frase del poeta Sufista Rumi nos revela que descartando lo que no somos es que llegamos a lo que realmente sí somos. Más allá del mundo de las formas, de las etiquetas y los roles con los cuales nos identificamos, somos el espacio donde se permite el contenido de los pensamientos. Los pensamientos son como las nubes que flotan y desaparecen en el trasfondo azul del firmamento expansivo. De la misma manera, nuestro Yo Superior es como el trasfondo del cielo, un espacio que no tiene límites. Somos la brecha entre cada pensamiento, el espacio que existe entre cada respiración. Este espacio es conciencia pura, la conciencia más allá del pensamiento y del ego—nuestra conciencia que observa en silencio, sin apego y sin juicio. Es el Yo Soy de nuestra conciencia pura, infinita y despierta, el espacio vacío que contiene toda la información universal y la Sabiduría Infinita de la Inteligencia Divina.

Este estado es nuestra verdadera esencia. Este es nuestro estado natural antes de haber sido adulterados y acondicionados por patrones negativos y por la experiencia humana que nos tocó vivir. Nuestra esencia al nivel de Conciencia Pura (Conciencia Infinita) es un estado de unidad donde nos reconectamos con la fuente de nuestro Ser, lo que algunos llaman la

Inteligencia Universal, Campo de Unidad, Inteligencia Divina, Conciencia Indiferenciada, el Tao, o Dios, entre otras. En este estado de conciencia simplemente SOMOS al nivel más puro. Somos Uno con la Creación Divina y por ende somos completos. Cuando despertamos a este estado de conciencia reconocemos que somos parte de una sinfonía espiritual perfecta y que somos esencialmente seres divinos temporariamente manifestados en forma humana en el mundo físico de los cinco sentidos. Cuando despertamos a este nuevo estado de conciencia, vivimos en el mundo de las formas pero con una conciencia expansiva que incluye una realidad absoluta más allá de lo que presenciamos físicamente, permitiéndonos abundancia ilimitable y verdadera libertad.

Para acceder o reencontrarnos con nuestra esencia—nuestro Yo Superior— tenemos que girar nuestro foco de afuera hacia adentro, voltear nuestra atención del mundo exterior de los cinco sentidos, de la realidad material que percibimos, hacia nuestro espacio interno. ¿Qué significa voltear el foco hacia adentro y como se consigue? Es dejar de buscar externamente por soluciones a nuestro sufrimiento y por alivios que solo enmascaran el vacío emocional temporariamente. Significa dejar de identificarnos con factores externos a uno, es no depender de la aprobación de otros, ni de cosas materiales, ni de etiquetas para validar nuestras vidas y nuestro sentido de sí o nuestro sentido de ser. Cuando volteamos el foco de nuestras vidas del mundo externo a la riqueza de nuestro mundo interior, nuestro Yo Interno se convierte en el Norte que guía nuestras intenciones, nuestras decisiones y nuestro propósito en la vida.

EL SILENCIO Y LA QUIETUD

Nuestro espacio Interno es donde accedemos a nuestro estado puro del Yo Soy, nuestro Yo Superior. Nuestro Yo Superior es el maestro interno que habita en cada uno de nosotros, en el santuario divino de nuestro espacio interior el cual nos provee una fuente de sabiduría. Accedemos a este espacio a través del silencio y de la quietud. Cuando silenciamos la turbulencia de la mente y tranquilizamos nuestro cuerpo y respiración nos reencontramos con nuestra verdadera esencia.

La sabiduría Divina nos habla en la quietud y el silencio desvelándonos la profundidad de nuestro Ser, un ser eterno, el Yo Soy que siempre ha sido y será más allá del mundo fugaz de las formas. Nos revela nuestra unidad con la Vida misma y con todo lo que Es.

"El silencio es el idioma de Dios...todo lo demás es una mala traducción." ~ Rumi

"Estad quietos y conoced que Yo Soy Dios" ~ Biblia, Salmos 46.10

El poeta sufista Rumi y Salmos de la Biblia nos apuntan a una misma verdad. La quietud y el silencio son el portal al verdadero e ilimitable Amor, Felicidad, Paz y Libertad. Cuando accedemos nuestro espacio interno y redescubrimos nuestro verdadero Ser, nos reconectamos con nuestro estado de conciencia natural donde somos completos. Ahí, en ese espacio Divino, nos recordamos de lo que nos hemos olvidado viajando por el mundo con la máscara ilusa de nuestro ego. Redescubrimos nuestro valor intrínseco y nuestro poder auténtico. En este espacio interno sabemos que el mundo externo no nos puede ofrecer verdadero amor, ni validación, ni realización porque el mundo de las formas es impermanente y sus placeres son efímeros. El silencio y la quietud son la llave de un tesoro sin rival que reside dentro de uno mismo lo cual es siempre accesible Ahora.

¿Por qué le escapamos tanto al silencio y a la quietud si es el umbral a nuestra verdadera esencia? Nuestro ego, yo falso, le teme al silencio y a la quietud porque en ese espacio de presencia interna la mente se encuentra con su inconsciencia, se percata de su inquietud donde su nivel de turbulencia, dolencia y disfunción se magnifica. Observarás que cuando primero encuentras silencio, usualmente tu mente se dispara en un torbellino de pensamientos. Notarás que a veces la mente pone resistencia a que tu cuerpo se aquiete, buscando algo que hacer o decir para llenar el vacío. Por ejemplo, algunas personas desde que se despiertan en la mañana prenden de inmediato la televisión o la radio. En cada momento libre miran su teléfono para revisar los mensajes y las redes sociales. Si esperan en una fila en el banco o en el médico, tienen la necesidad de emprender una conversación para poder llenar el tiempo. Hay personas que encienden el equipo de sonido del auto a todo volumen buscando envolverse en la música. Cuando regresan a casa y antes de dormir vuelven y prenden la televisión para poderse dormir. Todos estos son ejemplos de escapismo, de resistencia al espacio de silencio y quietud donde se encuentra el campo de Conciencia Pura (Conciencia Infinita), la morada de nuestra verdadera esencia, de nuestro Ser Superior.

El ego resiste cruzar el portal de tu verdadera esencia porque teme su destrucción. En ese espacio te reencontrarás con tu Yo Superior y con tu poder auténtico donde el ego no tiene ninguna fuerza. En ese espacio todo problema se va disipando porque ahí eres completo y nada te hace falta. El ego sufre de una miopía espiritual y por lo tanto mantiene su foco magnificando el mundo externo, tratando de ampliar su sentido de ser distrayéndote fuera de ti mismo, fuera de tu verdadero Ser. Mientras te mantienes únicamente enfocado e identificado con el mundo externo de las formas, te mantienes en la prisión oscura del ego.

La siguiente lista describe las características y diferencias entre una experiencia humana alineada a la Conciencia Pura (Conciencia Infinita) del Yo Superior y una experiencia humana alineada al Ego o yo falso.

CONCIENCIA PURA	EGO
Yo Superior	Yo Falso
Identidad de Esencia Divina	Identidad mediante etiquetas y roles
Necesidades Profundas	Necesidades Superficiales
Presente	Pasado y Futuro
Silencio y Quietud	Escapismo por el mundo de las formas
Completo/Auto-Realizado	Incompleto/ Partes Incompletas
Independiente	Dependiente De Factores Externos
Libertad	Prisión De La Mente
Verdad Absoluta	Verdad Relativa
Eterno e Infinito	Impermanencia, Limitación
Campo de Todas Las Posibilidades	Mundo De Dualidades
Amor Inclusivo, Compasión	Amor Exclusivo, Egoísmo
Realización A Nivel De Unidad	Realización Individualizada
Integridad/Igualdad	Separación/Diferencias
Felicidad y Crecimiento Espiritual	Placeres Efímeros
Dharma, Vida con Propósito	Karma, Inconsciencia Humana
Desapego	Apego
Espiritualismo	Materialismo
Fe, Confianza	Desconfianza, Escepticismo
Entrega	Resistencia

Las personas que viven alineados a su ego y atados al mundo de las formas se autodefinen por sus roles y etiquetas. El ego se fortalece por las posesiones y las posiciones que ocupa en la sociedad y a veces por medio de la devaluación de sus semejantes, midiéndolos con el juicio de sus percepciones y de una escala de valores limitada. Por ejemplo, miden y valorizan a las personas por la forma en que visten, el auto que conducen, el vecindario en la cual viven, el prestigio asociado a la universidad de la cual egresaron, el tipo de empleo, el nivel de salario, entre tantos otros más. Seguramente también habrás observado personas de tu entorno o de los medios cuyo sentido de importancia o superioridad proviene de su posición social o económica, por su fama o su fortuna, por un título profesional, por poseer cierto número de propiedades, por ser el director de la orquesta, por ser una celebridad, por ser jefes ejecutivos de una grande empresa, por ser Presidenta de una compañía, por ser Presidente de una nación, u otro reconocimiento. Muchas veces las ataduras a estas etiquetas como identidad, a su ego, son tan pronunciadas que el último intento de estos individuos es dejar un legado para así poder perpetuarse (seguir existiendo) en el mundo de las formas aún después de haber desencarnado. ¿Pero qué sucede cuando pierden la posición, sus posesiones, el dinero o la fama? Su sentido de ser se desintegra, su sentido de sí mismo se reduce, se encoje. Bajo esas nuevas circunstancias es común que el ego encuentre una nueva identidad, una identidad de víctima, de complejo de inferioridad y de resistencia a los eventos. A veces entra la ira y muchas veces la depresión.

Recuerdo a una persona que demostraba un sentido de superioridad exaltado. Se dedicaba a las bienes raíces y le iba muy bien. Presumía de buen vestir, de sus dos carros de lujo de último modelo y, como cliente, esperaba un trato muy personalizado porque estaba acostumbrado a las mejores atenciones por su posición y sus estándares elevados. A partir del 2007 acontece el debacle de la crisis de préstamos y viviendas aquí en EEUU lo cual resulta en una avalancha de ejecuciones hipotecarias y ventas judiciales de viviendas, la desvalorización vertiginosa de inmuebles, el desplomo de la bolsa de valores, la crisis de la recesión económica, el incremento de bancarrotas personales y de negocio y con todo esto, el inevitable declive del mercado de bienes raíces. Esta persona era irreconocible. Aumentó de peso, su autoestima bajó, su energía de prepotencia desapareció y la remplazo un sentido de vergüenza, desaliento y depresión. Le embargaron sus dos carros de lujo y estaba a punto de perder su casa. Su negocio de bienes raíces se había desboronado y su matrimonio estaba en crisis. Él estaba sufriendo.

Nos damos cuenta con este ejemplo que mientras enfaticemos nuestro ego y nos identifiquemos con lo que tenemos y las ideas falsas de sí mismos estaremos fundamentados en un sentido ilusorio de identidad y poder. Hay que destruir nuestros falsos cimientos y destruir los altares a nuestras falsas imágenes de sí mismos. Hay que poner fin a la idolatría ciega del ego y de las sombras del mundo material, del mundo externo de las formas. Tenemos que destruir los viejos patrones para re-construir y transformar a una nueva vida. Solo desintegrando tu ego es que emerge tu verdadera esencia, tu estado de Conciencia Pura lo cual es el corazón de tu poder auténtico y sabio. Viviendo desde este estado de tu Ser Superior disfrutas de verdadera confianza independientemente de las circunstancias de tu vida, de las cosas materiales impermanentes y de los placeres transitorios.

Las personas que viven alineadas a la verdadera esencia de su Conciencia Pura son fáciles de detectar porque sus vidas reflejan su esencia. Son personas positivas y optimistas y por lo tanto la vida les sonríe. Los buenos frutos de estas personas son evidentes. Por lo general disfrutan de buena salud—y si presentan algún padecimiento lo aceptan sin definirse ni victimizarse por su enfermedad—se sienten plenos y realizados con sus vidas sin que necesariamente sus logros o triunfos personales se definan como tal para los demás o encajen al modelo del triunfo que nos vende la sociedad. Son personas de una confianza auténtica porque su Norte es su Yo Superior, y no necesitan aprobación externa para validar sus vidas ni sus decisiones. No tienen quejas de sus vidas aunque se presenten situaciones difíciles porque confían que todo tiene solución y mantienen la calma dentro de la tormenta. Son personas abiertas y receptivas con los demás. Son compasivas y amorosas con todos y no presentan problemas en sus relaciones interpersonales. En sus interacciones profesionales disfrutan lo que hacen, son cooperativos, y buscan soluciones beneficiosas donde otros no las hayan. Sus palabras y sus acciones son fundamentadas en las frecuencias más altas de energía positiva. Por lo tanto, las vidas de estas personas son un reflejo armonioso de la misma energía positiva que irradian. Es un estado de paz y armonía que no se improvisa. Tú puedes llegar a este estado de luz y progreso, es tu derecho intrínseco por el hecho de ser fruto de la Creación Divina, y es tu llave a la verdadera liberación donde saldrás de la prisión de la oscuridad para crear tu propio paraíso en la tierra.

Para comenzar a acceder el estado de Conciencia Pura (Conciencia Infinita) en el espacio interno donde mora tu Ser Superior debes practicar el silencio y la quietud. Ahí, en ese espacio, tocas y penetras en ti con lo mismo que eres. Este es tu punto de acceso donde comenzarás a cultivar tu jardín interno para florecer a la máxima expresión de tu alma y obtener los beneficios de buenos frutos.

EJERCICIO

"Calma las aguas de tu mente, y el Universo y las estrellas se verán
reflejadas en tu Alma..."
~ Rumi

SILENCIO Y COMUNIÓN CON LA NATURALEZA

Un buen ejercicio es tomar un pequeño espacio en el día, sea al despertar, después del trabajo o antes de dormir, para aquietar la mente y la respiración en silencio por 5 o 10 minutos. Con el tiempo se puede alargar la duración de quietud y silencio a 30 minutos o idealmente por más tiempo. Con este ejercicio uno comienza a adentrarse al espacio interno donde nuestra verdadera esencia se nos revela más allá de nuestra lluvia de pensamientos interminables. Cuando los pensamientos abunden, simplemente obsérvalos sin juicio y sin detenerte en ninguno. Déjalos pasar como las nubes en el cielo.

Algo que provee una experiencia muy especial y que recomiendo es entrar en silencio y quietud en la naturaleza. Mis experiencias más sublimes las he tenido en comunión con la naturaleza. Los sonidos naturales del océano, la brisa, el cantar de los pájaros o la echada del sol de un hermoso atardecer ayudan a calmar la mente y la respiración. En esos momentos de calma y paz interna uno se nutre de una energía renovadora y se reencuentra con su Yo Superior. Estos momentos te revelan que eres parte de algo mucho más grandioso y perfecto, la Sinfonía Divina del Universo.

MEDITACIÓN: YO SOY

Siéntate o acuéstate cómodamente con las palmas de tus manos hacia arriba. Cierra los ojos y respira naturalmente, relajando tu cuerpo. Después de aquietar tu cuerpo y tu respiración por 1-2 minutos, introduce en silencio la idea, "¿Quién soy?", a tu mente. Pasarán varios pensamientos, tal vez tu nombre, tu género, tu rol de padre/madre, esposo/a, tu nacionalidad, tu título, u otros. Deja todas estas identificaciones pasar sin juzgarlas y sin atarte a ninguna de ellas, dejando que fluyan y se disipen sin forzarlas por unos 2-3 minutos. Luego introduce en silencio la idea, "Yo Soy", por aproximadamente 5-10 minutos, sin agregar ninguna descripción después de la frase. Observa qué sucede cada vez que introduces la frase. Concéntrate en tu respiración. Observa el silencio y la brecha entre cada pensamiento al momento que se disipan. Observa el espacio entre cada inhalación y exhalación dentro del silencio y la quietud. Cada vez que surja un nuevo pensamiento, déjalo pasar como una nube. Cada vez que te desconcentres, reintroduce la frase, "Yo Soy", y observa tu mente sin juicio ni censuras. Después de 20 minutos, abre los ojos serenamente, cerrando tu meditación. Practica esta meditación a diario por unos 10-20 minutos, o el tiempo que dispongas, para penetrar a tu espacio interno.

Mientras más practiques este ejercicio, observarás que la brecha entre cada pensamiento se alargará. La intención es compenetrarte con ese espacio silente. Ahí, en esa brecha, reconocerás el trasfondo sereno que permite el contenido de tus pensamientos. Reconocerás que no eres tus pensamientos ni las etiquetas con las cuales te has identificado a lo largo de tu vida, sino que eres el observador (la conciencia despierta) detrás de los pensamientos. Este trasfondo sereno es el campo de Unidad, la profundidad de tu Conciencia Pura e Infinita—tu Yo Superior.

4

LA IMPORTANCIA DE LA INTENCIÓN

Tu intención es el embrión que impulsa cada una de tus creaciones.

Toda palabra, toda acción, toda decisión se inicia con una intención. Los pensamientos, las palabras, las acciones son energía que cargan consigo la misma energía de nuestras intenciones, sean estas conscientes o inconscientes. Entender el poder de la intención es imprescindible para ver la manifestación de la abundancia del Universo en nuestras vidas. Debemos ejercer cuidado con las intenciones detrás de lo que deseamos porque el Universo capta la verdadera energía de nuestras intenciones aunque estas sean inconscientes. Toda energía que transmitimos al Universo atrae a uno la misma calidad de energía porque se une a una frecuencia energética de la misma afinidad para crear en el mundo físico.

Nuestras intenciones se comprenden de nuestra voluntad y de lo que realmente valoramos. Son un reflejo de nuestro estado de conciencia la cual se basa en nuestras percepciones de sí, del mundo y de nuestra percepción de la realidad. Nuestras intenciones portan la energía de nuestra voluntad y de nuestro deseo de obtener todo lo que queremos en la vida. Si por ejemplo aspiramos ser una gran empresaria, o un gran deportista, la energía de nuestra intención es lo que impulsa todos nuestros pensamientos y acciones invadiendo cada rincón de nuestra consciencia con la planificación y ejecución de la meta. Debemos estar entonces muy claros con nuestras intenciones para poder obtener buenos frutos. En cada instante que tomamos una decisión irradiamos la energía de las intenciones más recónditas de nuestro corazón. Con cada decisión emitimos nuestra energía poniéndola en movimiento hacia el mundo y aportando a una serie infinita de desencadenamientos en la red que nos conecta a todos. Esto implica una gran responsabilidad, no solo a nivel personal, sino a nivel colectivo—de nuestra familia, nuestra sociedad, nuestra nación, nuestro mundo.

A diario estamos tomando decisiones, interactuando con personas, actuando y creando en nuestras vidas. Simultáneamente todos dirigimos nuestra energía hacia los demás por medio de decisiones impulsadas por nuestras intenciones. Las personas con las que interactuamos en nuestras relaciones interpersonales, en nuestros empleos, y en nuestros encuentros casuales, absorben nuestra energía y las procesan de acuerdo a sus propios estados de conciencia continuando así el movimiento perpetuo de energía, todos compartiendo así nuestra co-responsabilidad en la co-creación del mundo en que vivimos.

Nuestras intenciones pueden estar fundamentadas en nuestro ego o en nuestro Ser Superior. Las intenciones pueden estar cargadas de energía negativa o positiva. Por ejemplo, una intención basada en odio, ira o envidia impulsan pensamientos y decisiones que repercuten en efectos de la misma índole a la energía de la intención. Por lo contrario, una intención fundamentada en compasión, amor incondicional, o paz pondrá en movimiento un flujo de energía positiva que estaría en armonía con la fuente Divina de la creación y por lo tanto sus efectos serían afines a esta misma frecuencia. Podríamos comparar nuestras intenciones con semillas las cuales regamos y nutrimos con nuestra energía. Estas crean raíces fuertes y crecen en árboles frondosos, produciendo frutos para nuestra cosecha. No podemos esperar una cosecha de naranjas dulces si sembramos y cultivamos semillas de limones agrios.

Mientras nuestras intenciones estén fundamentadas en suplir las necesidades de nuestro ego, estas operarán desde una frecuencia que manifestará efectos de la misma energía, de una conciencia limitada donde nada nos satisface por completo y donde los efectos son infructuosos. Esto sucede porque las intenciones que provienen del ego proceden de una existencia humana inconsciente donde se ignora nuestra verdadera esencia y por lo tanto derivan de una conciencia de escasez. Las intenciones parten de este estado limitado cuando se desconoce el flujo natural y los principios espirituales del universo. Los principios espirituales del universo son principios o leyes bajo los cuales opera el cosmos, son los que mueven la creación. Estos son principios que van más allá de las leyes humanas y de la religión, sin embargo, complementan muchas de las enseñanzas de las principales religiones y filosofías de ética social. De estos principios espirituales o leyes universales, y del flujo armonioso de la Inteligencia Universal, se ha escrito bastante. En síntesis, los principios espirituales que mueven el Universo se reflejan en el flujo orgánico de la misma naturaleza. Observamos, por ejemplo, que el sol alumbra a todos sin condición y que la lluvia cae sobre la tierra sin esperar ningún resultado. La tierra recibe esos regalos sin pedirlos y sin esfuerzo. Las semillas germinan y se nutren a su paso, cuando todas las condiciones son propicias, sin angustia por su destino, adaptables al movimiento orgánico de la naturaleza, sin apego a su desarrollo, entregadas al proceso y simplemente van creciendo sin esfuerzo hasta dar el regalo de sus frutos a la tierra y a todos los seres vivientes que se nutren a su vez de ellos. El ciclo continua y todos los elementos reflejan su naturaleza auténtica—cada elemento de la naturaleza, flora y fauna, en perfecta armonía, dando y recibiendo en base a su misma energía intrínseca y sin esfuerzo—dando, regenerando y recuperando la misma energía que entrega sin condición—son herederos de la presa rica e inagotable del Universo el cual los hace partícipes de un círculo perpetuo de Amor donde Ser y Dar sin condición precede hacer o recibir—donde Ser y Dar es el móvil inherente de la vida–es propósito en movimiento.

De la misma manera que refleja la naturaleza, nosotros también provenimos de la fuente rica y abundante de la Creación, una fuente Infinita donde existe la base para manifestar todos nuestros deseos. La inteligencia del Universo opera en perfecto balance y armonía. Unidos a este mismo flujo de la naturaleza alcanzamos nuestras metas con menos esfuerzo. Cuando damos al mundo incondicionalmente lo mismo que deseamos recibir, automáticamente activamos la energía de la atracción para manifestar lo que deseamos. Atraemos a nuestras vidas en base a la misma calidad de energía de nuestras intenciones y nuestras acciones, las cuales depositamos en el banco del Universo y lo cual genera un retorno de nuestra inversión correspondiente a la misma intensidad y energía a la cual depositamos—conocido como Karma o la ley física de acción y reacción.

Cuando renunciamos énfasis al resultado final de nuestros objetivos, disfrutamos plenamente del proceso o camino que emprendemos hacia nuestros objetivos. Paradójicamente, con la libertad de nuestra fe, entrega y desapego—adaptables ante la incertidumbre y alineados al flujo armonioso de la Inteligencia Universal—vemos manifestar más fácilmente lo que deseamos. Cuando nos entregamos con confianza al poder organizador del Universo, y siempre y cuando no violemos el principio Universal del Amor, nuestras vidas fluyen en armonía con la Inteligencia Divina brindándonos plenitud, regocijo y realización personal con la expresión y convergencia de nuestro propósito terrenal y espiritual tanto al nivel individual como colectivo.

Todos los principios espirituales están encadenados. A la vez que profundizamos nuestra práctica de uno profundizamos en la práctica de los otros y, entre más los incorporamos a nuestras vidas, llegamos a la revelación iluminante que todos se funden y realmente se comprenden en solo un principio Universal—el principio del Amor Divino o Amor Universal, el cual exploraremos detalladamente más adelante.

Somos el mismo dinamismo Divino de la inteligencia Universal, un microcosmo del Universo. Realineados a nuestra conciencia Divina creamos y reflejamos en nuestras vidas tal y lo que somos al nivel más expansivo de nuestro Ser.

Con la práctica e incorporación de estos principios universales (o Ley Universal) a nuestro diario vivir, nos alineamos a la fuente de la Creación Divina reflejando de igual manera la abundancia y el bienestar del Universo en nuestras vidas. Alineados a los principios espirituales tenemos la llave para acceder el tesoro de nuestro patrimonio Divino. Cuando se violan o se ignoran estos principios, obviamente los efectos no apoyan el flujo de la vida positivamente, por lo tanto, no pueden resultar en buenos frutos que aporten a la evolución positiva de uno mismo ni de quienes nos rodean.

Es debido entonces adentrar sinceramente a tu interior para que conozcas de cerca tus intenciones antes de tomar cualquier decisión. Por ejemplo, para ayudarte a esclarecer tus verdaderas motivaciones debes preguntarte:

¿Cuál es mi verdadera intención?

¿Qué emoción o energía (positiva o negativa) siento cuando observo mi intención?

¿Está mi intención alineada a mi ego/yo falso o a mi Ser Superior/ Verdadero Ser?

¿Es mi intención congruente con el objetivo (de progreso, felicidad etc.) que deseo?

Todo este diálogo interno es un precursor a la acción. Recordemos que nuestras reacciones, aunque no aparenten acciones directas, también son "acciones" las cuales son también portadoras de la energía de nuestras intenciones. La calidad de nuestras intenciones al reaccionar bajo cualquier circunstancia también producirá consecuencias afines a la energía que irradiamos. Es entonces igual de importante observar y tomar responsabilidad por nuestras reacciones a los estímulos que nos presentan las personas con quienes interactuamos y de las situaciones que enfrentamos a diario. Un dicho muy común es, como los otros te traten es su karma y como uno reacciona a ese trato es el karma de uno. Entonces nos podemos preguntar antes de reaccionar verbalmente o físicamente:

¿Qué efecto es que deseo producir en mi pareja (amigo, colega etc.)
al contestar _____?
¿Deseo herirlo/a emocionalmente?
¿Deseo que se sienta culpable?
¿Qué pienso ganar con que se sienta así?
¿Es que deseo comprobar que yo tengo la razón?

Vivir conscientes de nuestras intenciones es invaluable ya que conforme a la calidad de energía de estas se efectuarán acciones y consecuencias que activan el movimiento del principio del Karma, o acción y reacción (causa y efecto). Habrán personas que opinan que nuestras acciones, lo que hacemos, es más importante que nuestras intenciones. Sin embargo, la realidad es que no se puede separar la acción de la intención y de la energía que la motiva. La energía de tu intención es el catalizador de tus acciones en este mundo. Es la chispa interna que enciende tu motor dando inicio a tus movimientos en la vida. La intención vive dentro de ti en el espacio silente de tu interior, antes de pronunciar una palabra, antes de escribir y enviar un correo electrónico, antes de tomar el teléfono para una llamada, antes de escoger una carrera, antes de comprar un auto, antes de atender a un cliente, antes de negociar un contrato con una empresa. Tus intenciones portan las motivaciones para adquirir objetivos en el mundo externo surtiendo efectos en el mundo físico.

Entonces mi respuesta a estas personas es que la intención y la acción son una misma. La intención y la acción son ambas energía y la energía es materia de diferentes densidades. La energía más densa o solida es la que observamos en el mundo físico por medio de nuestros cinco sentidos (por ejemplo nuestro cuerpo es energía en forma densa, o lo que oímos, y vemos, degustamos y tocamos). La intención es energía de materia inmanifiesta (no aún materializada en el mundo físico que observamos con los cinco sentidos) y la acción y sus frutos son la manifestación de la misma energía en el mundo físico, el mundo tangible de los cinco sentidos donde observamos físicamente las acciones y sus consecuencias.

Existen ocasiones donde se actúa contrario a una intención. Por lo tanto, también hay personas que opinan que lo que hacemos es más importante que nuestras intenciones, ya que estas suelen permanecer ocultas dentro de uno. Sin embargo, si realmente deseamos transformar la calidad de nuestras vidas, lo importante no es simplemente conducirnos por la vida haciendo lo que decimos que haremos, o cumpliendo con lo que esperan de uno no obstante nuestros deseos personales y suprimiendo cualquier tendencia oscura. Nuestras intenciones son un reflejo de nuestro estado de conciencia y de nuestra energía. Por lo tanto, aunque no actuemos en base a una intención negativa, la intención como energía existe internamente. Puede no exteriorizarse en un debido momento, pero la frecuencia e intensidad de esa energía reside en nosotros. Si no le ponemos atención para disminuirla, eventualmente se reflejará exteriorizando sus efectos, si no en esta ocasión en otra que detone la misma energía o emociones en uno.

Por ejemplo, si no te llevas bien con tu vecino porque han tenido varios choques personales en el pasado, puede ser que tengas la intención de desquitarte. La intención violenta nació de ti, de tu inconsciencia. Es una energía negativa que tiene base en la ira y talvez en orgullo de tu parte. Sin embargo, decides no hacer nada. Pero si te descuidas, la energía puede cobrar raíces fuertes en tu conciencia. Estas raíces se nutren de cualquier incidente o persona que vuelva a detonar en ti la ira, aunque esta vez no sea tu vecino. Si en esta otra ocasión actúas en base a esa intención, es porque ya residía y se venía fomentando la energía de la ira y el deseo de la venganza en ti. Entonces, no actuar en algunas ocasiones en base a una intención no significa que la intención no tenga raíces profundas en tu conciencia la cual, sin la atención de tu Ser Superior, pueden potencialmente manifestar frutos de inconsciencia y sufrimiento en tu vida y tu entorno.

Otras personas también opinan que las buenas intenciones no son significativas ya que existen ocasiones donde resultan efectos contrarios a los de la buena intención original. Mi respuesta es que se dan circunstancias de esta índole cuando existen en uno más de una intención a la vez y las cuales son incongruentes con nuestro supuesto objetivo consciente. Es que existen intenciones y deseos conscientes e inconscientes los cuales a veces permanecen suprimidos y los cuales no siempre revelamos ni a sí mismos mucho menos a los demás. Esto significa que cuando más de una intención existe con respecto a una decisión, la intención más fuerte, aunque esta sea inconsciente, es la que domina. Por eso podremos entender, por ejemplo, cuando una persona aparenta sabotear una relación que dice querer salvar (o por ejemplo su posición en un empleo) y más bien la arruina o la termina, observando que el resultado final es el de la intención dominante, el resultado justamente preferido—lo que se deseaba inconscientemente. Nos podremos engañar a sí mismos al nivel de nuestro yo falso, de nuestro ego, pero el Universo es sabio y no lo podemos engañar. El poder organizador del Universo recibe la información, la intensidad, y la energía de nuestras verdaderas intenciones y deseos. Nuestras almas son un libro abierto donde no existe nada oculto ante la Inteligencia Divina del Universo.

Tal y como las semillas portan en su núcleo la inteligencia para manifestar flora de diferentes variedades, tu intención carga toda la información y la energía para manifestar frutos afines al corazón de tus más íntimos deseos. Por lo tanto, debe haber congruencia entre tus intenciones y tus acciones. Esto implica más que solo suprimir intenciones negativas y actuar contrario a ellas. Significa que la intención lo es todo porque la intención es la energía que impulsa tus acciones presentes y futuras, es el combustible que te mueve en el mundo, el fuego que transforma tu mundo y tu realidad. Tus intenciones son un reflejo de ti, de tu energía y tus valores, un reflejo de tu estado de conciencia, un presagio de los frutos que cosecharas.

5

KARMA: EL FIN Y EL MEDIO ES UNO MISMO

El Universo es un eco que nos devuelve la
misma melodía que le conferimos.

Nuestras intenciones están completamente entrelazadas con el principio del Karma o acción y consecuencia, lo cual es el mismo principio espiritual del flujo universal del dar y el recibir que observamos circulando en la naturaleza. Karma, o causa y efecto, es equivalente a la idea que cosechamos tal y lo que sembramos. El karma no opera en base a juicio ni es un castigo. El karma es un principio impersonal de la compensación natural del universo. Es simplemente una contabilidad perfecta donde recibimos en proporción a lo que aportamos al Universo y donde toda deuda se paga.

La Rueda Del Karma

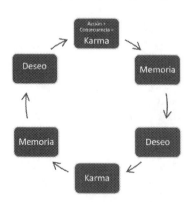

El mecanismo del karma opera de manera que nuestras acciones se archivan en nuestra memoria donde muchas veces estas generan deseo y estos deseos a su vez impulsan de nuevo nuestras acciones. Este ciclo se repite generando acciones y consecuencias, algunas positivas y otras negativas. Mientras nuestra realidad sea únicamente el mundo de las formas y nos identifiquemos con nuestra mente, donde reside nuestro ego, la rueda del karma correrá alineada a nuestro yo falso. En este estado de conciencia nuestras decisiones son inconscientes lo cual muchas veces resultan en karmas negativos y en sufrimiento.

En cambio, cuando nuestra conciencia abarca una realidad más allá del mundo de las formas—una realidad absoluta y expansiva y donde nuestro sentido de sí está firmemente anclado a nuestro Yo Superior—ponemos a rodar la rueda del karma alineados a nuestra verdadera esencia. En este estado de conciencia escogemos, decidimos y actuamos de manera consciente resultando en karmas positivos. Cuando escogemos despiertos, nos guía nuestro Maestro Interno hacia decisiones evolutivas que contribuyen a nuestra felicidad a nivel personal y colectivo.

Los karmas se pueden pagar, trasmutar o trascender. El karma se paga cuando es negativo, cuando actuamos sumidos en la inconsciencia de nuestro ego. Inocentes ante como opera esta contabilidad universal, pagamos con sufrimiento y estragos mientras no transformemos nuestra realidad y nuestra conciencia. El karma se transmuta cuando aprendemos una lección de nuestro karma así transformándolo en una experiencia positiva y de provecho para nuestro progreso espiritual, y a veces hasta material, a nivel personal y colectivo. Finalmente el karma se puede trascender cuando expandimos nuestra conciencia a otro estado fuera de la prisión de nuestra mente y nuestro ego. A este nivel se va más allá del ego a nuestra verdadera esencia de Unidad. De hecho, a ese nivel el karma deja de ser de uno o "mío" porque trasciendes a un estado más allá del estado limitado que creo el karma, más allá del "yo" falso. Se llega a este nivel de conciencia de unidad mediante la meditación, en el espacio silente que existe entre cada pensamiento tal y como describo en el segundo capítulo.

El karma es un mecanismo para nuestra evolución en el mundo de las formas. Es una herramienta que nos ofrece la oportunidad de escoger nuestras experiencias, sea consciente o inconscientemente, para aprender y progresar a un estado de conciencia más expansivo, sea pagando, trasmutando o trascendiendo. Siempre evolucionamos, la diferencia es que mientras escogemos en base a nuestro ego, estamos escogiendo inconscientemente, como si estuviésemos dormidos. A este nivel se pagan muchos karmas mientras no despertemos para salir de patrones y ciclos kármicos negativos. Aquí el karma opera como en piloto automático donde evolucionamos más lentamente, tropezando y repitiendo lecciones en la vida. Sin embargo, alineados a nuestro verdadero Ser la evolución es más rápida y placentera. De hecho, se llega al punto que entre más conectados estamos a nuestro Ser Superior más alineamos nuestras acciones con nuestro propósito en la vida, lo cual es conocido como Dharma en sánscrito. A este nivel estamos despiertos, conscientes de nuestro propósito y nuestro camino, y escogemos conscientemente cada paso en nuestra evolución en base a la Luz Divina de nuestro Espíritu.

IDENTIDAD Y HERENCIA KÁRMICA

Cada decisión produce secuelas en las vidas de los descendientes. Esto es lo que llamo herencia kármica. Heredamos patrones de nuestros antecesores cercanos y lejanos los cuales contribuyen a nuestra evolución espiritual. En algunos casos los patrones son positivos, en otros pueden ser negativos. Debemos poner atención a los patrones o herencias kármicas como herramientas para nuestra evolución pero sin identificarnos con la herencia o patrón en sí. Si te quedas arraigado a tu herencia kármica, y a los patrones negativos que provienen de esa herencia, terminas creyendo y creando en base a esa limitación. Estas herencias kármicas son herramientas valiosas que nos presentan las partes que necesitamos sanar, nos revela donde necesitamos aprender y crecer, y nos revela el portal a la trascendencia. Usando esto como aprendizaje podemos re-balancear la energía que nuestros antecesores pusieron en circulación desencadenando en efectos palpables en uno.

Uno es responsable de reconocer el patrón o secuela negativa del karma heredado que causa sufrimiento en uno. Uno también es responsable de decidir a qué frecuencia de energía nos unimos para re-balancear la deuda kármica. Si nos mantenemos dormidos en la inconsciencia del ego, inocentes del poder que tenemos de romper cualquier patrón negativo heredado, actuaremos en base a la inconsciencia, muchas veces pagando karmas heredados y hasta creando nuevos karmas negativos que pueden resultar en aumentar nuestra deuda kármica al nivel individual y colectivo.

Si por ejemplo escogemos aprender de nuestra herencia kármica transmutándola, creamos por este proceso nuevos karmas positivos mientras pagamos la deuda, de esa manera balanceando nuestra cuenta y nuestra energía de forma positiva. Si trascendemos la herencia kármica, expandimos a un estado elevado de conciencia donde nos liberamos del karma por completo. Aquí existe una transformación positiva a nivel espiritual de beneficio individual y colectivo.

En mi caso, vi el patrón que estaba inconscientemente tratando de evitar (como describo en el prefacio). Comprendí que no tenía que restringirme ni pensar en la opinión ajena. Podría haberme importado o herido, podría haber escogido ocultarlo o definirme por ello, pero escogí liberarme de la herencia y el patrón. Comprendo firmemente que tengo la responsabilidad de escoger y definir mi camino por la vida. Alineándome a mi verdadero Ser nada me invade, reconozco quien soy más allá de las etiquetas y las definiciones externas, permanezco centrada en el poder auténtico del Maestro Interno donde mi estado de conciencia refleja mi Ser—cultivo mi camino con cada intención, pensamiento, acción y palabra a lo largo de mi movimiento por este viaje de la vida. Esto es mi escogencia diaria y es la tuya también, la cual tú defines y creas con cada paso de tu vida.

Por ejemplo, puede ser que desciendes de una familia de origen muy humilde, o puede ser que desciendas de personas con un pasado turbio, o que algún antecesor haya delinquido, sufrido alguna adicción o patrón destructivo o talvez haya tomado decisiones aparentemente desacertadas que resultaron en desencadenamientos indeseables. En algunas ocasiones existen círculos viciosos intergeneracionales que se pueden observar repitiéndose una y otra vez en algunas de nuestras familias. Sin embargo, cual que sea tu pasado o los patrones negativos de tu herencia kármica, esto no te define ni pronostica el curso de tu vida. No juzgues tu pasado personal ni tu pasado heredado, ni te limites por la opinión ajena de estos eventos. Lo que creemos lo creamos. No te encadenes por tu pasado tomando por un hecho que estás vedado a repetir un círculo vicioso. Tú defines tu propio camino y tienes el poder de liberarte de las cadenas de los patrones negativos del pasado. Tú escoges a diario tu viaje por la vida, con cada intención, pensamiento, acción y palabra, definiendo y creando tu realidad con cada paso. Usa la herencia kármica y los patrones negativos que se revelen como aprendizaje para tu crecimiento y trascendencia espiritual.

Escoge desde tu Ser Superior para evolucionar con la sabiduría de tu Maestro Interno liberándote de los lastres del pasado, tanto personales como heredados. Cultiva tu camino interno a diario transformándote cada día y en cada instante. Tienes la oportunidad de escoger como si por primera vez y de renacer con cada decisión en el presente, lo cual es el único momento que importa y que existe. Observa sin juicio los patrones y herencias kármicas de tu vida y observa cómo te habrán afectado, pero no te quedes ahí navegando la superficie de una realidad limitada e impermanente. No importa cual haya sido tu pasado o el pasado de tus antecesores, no culpes al pasado ni las conciencias individuales y colectivas con las cuales se crearon los eventos que desencadenaron en tu presente, sino acoge el pasado y tu herencia con ternura y compasión para aprender de estos. No seas cómplice en etiquetarte con falsas nociones de quien no eres y de definirte por tu pasado. Profundiza al interior de tu Ser, cultivando tu viaje espiritual, penetrando en tu esencia Divina. Sé congruente y leal contigo mismo y toma responsabilidad de tu transformación y de alinearte en cada momento con una frecuencia alta y positiva.

LA INTENCIÓN Y EL KARMA

Nuestras intenciones son el preludio a una dinámica de energía que ponemos en movimiento por medio de nuestras acciones. Crean patrones de energía al nivel individual de nuestras vidas y aportan también a los patrones de energía a nivel colectivo—a nivel de nuestras familias, nuestros vecindarios, nuestra ciudad, nuestra cultura, nuestro grupo étnico, nuestra nación, nuestro mundo. Esto es muy significativo porque nuestras acciones nos persiguen toda la vida y hasta más allá porque dejan secuelas, hasta después que desencarnamos, con todos aquellos que participan a nivel personal y colectivo en nuestro círculo de influencia. Por más estrecho que haya sido el círculo de nuestra influencia no deja de ser significativo. Esto es evidente en pequeña escala en nuestras propias familias cuando observamos las secuelas y efectos de las herencias kármicas las cuales desencadenan en nuestro presente.

Donde existen círculos más amplios de influencia existe también un peso de responsabilidad más monumental. Por ejemplo, una persona que por su poder como Presidente de una nación esté identificado con su ego, a raíz de sus prejuicios y percepciones limitadas, puede causar daños irreparables a la sociedad y hasta al mundo—por ejemplo, un líder que decida extirpar una raza o cultura que considere inferior (genocidio), o que decida expeler de su nación a personas de otra nacionalidad por características que devalúa, un líder que arremeta contra personas de otras religiones o culturas en actos terroristas. Lamentablemente, la historia humana se sigue marcando hasta el presente por muchos de estos ejemplos. Los líderes tienen muchos seguidores, y sus percepciones, sus intenciones, sus pensamientos, sus palabras, sus acciones no son estáticas. Ejercen influencia sobre sus seguidores y por lo tanto, tienen el potencial de incitar a la violencia, la intolerancia y la destrucción, o por lo contrario de guiar a sus seguidores hacia la armonía, la unidad y la paz.

Nuestras acciones son propulsadas por la energía de nuestras intenciones y nos continúan a diario en todas nuestras interacciones. Es como tirar una piedrita en un lago tranquilo, formando pequeñas olas de círculos concéntricos que se expanden y se extienden conforme al tamaño de la piedra y de la energía detrás de nuestro impulso al arrojarla. Somos responsables de lo que damos y regalamos diariamente al mundo porque todas las acciones y sus efectos no solo influyen en uno sino que invaden las vidas de los demás. Nuestras decisiones se entretejen en una red intricada y extensa que abarca todo el mundo. Se puede decir que nuestras intenciones dan la vuelta al mundo y se expanden por el Universo.

Esto significa que lo más invaluable que podemos regalar no es nada material. Nuestro más invaluable regalo a sí mismos, a los demás y al mundo en que vivimos, es el regalo de acciones fundamentadas en la Comprensión, la Compasión, el Amor Inclusivo y la Paz las cuales garantizarán buenos frutos de provecho para todos los participantes. Con los regalos materiales no se garantiza lo mismo porque no tienen el mismo valor intrínseco. No existe objeto material ni dinero que se equipare a una palabra o una acción proveniente de intenciones diáfanas en base a la bondad, la compasión, la paz y el Amor.

¿De dónde y cuándo inicia este desencadenamiento de intenciones y acciones que da la vuelta al mundo? La respuesta no es importante. Realmente no existe comienzo ni final tal y como un círculo en perpetuo movimiento. Es imposible medir donde inicia una "primera" acción para surtir un efecto. En la física cuántica se refieren a este fenómeno lo cual se complementa con el misticismo. No existen efectos locales independientes sino, como demuestra la física con el Teorema de Bell, el universo es fundamentalmente interconectado, interdependiente e inseparable. Este teorema apoya el misticismo y las enseñanzas Budistas que describen que todos inter-somos, somos interconectados e inter-dependientes y nada ni nadie tiene una naturaleza individualizada, independiente, o separada de todo lo que existe.[1]

Lo importante es mantenernos conscientes de lo que damos inicio a diario con la energía de nuestras intenciones y nuestras decisiones. Lo importante es tomar responsabilidad por nuestra participación en la co-creación de nuestras vidas a nivel personal y en la co-creación del mundo en que vivimos con nuestra participación colectiva.

Todos estamos íntimamente entrelazados, participando a diario en un drama sin guion escrito, improvisando consciente e inconscientemente ante las acciones y reacciones de nuestro co-elenco en esta trama que llamamos La Vida. Somos co-responsables en la creación de nuestro mundo y cuando nos despertamos a esta verdad podemos apreciar la importancia de emitir energía positiva, de actuar de manera constructiva ante la vida que no es más que una la cual compartimos con todos nuestros hermanos y co-participantes en este mundo, en este Universo.

Despertar a esta consciencia significa comenzar por ser y dar lo que uno desea experimentar y recibir de la vida y del Universo. Y es que atraemos no lo que queremos obtener del Universo sino atraemos lo que somos de acuerdo a nuestra conciencia, y como expresó alguna vez Einstein, "No podemos resolver los problemas usando el mismo tipo de pensamiento que usamos cuando se crearon." Entonces, para transformar nuestra experiencia de la vida tenemos que comenzar transformando la calidad de nuestras intenciones, de nuestras percepciones, de nuestros pensamientos, de nuestras palabras, de nuestras acciones, en fin, necesitamos transformar nuestro estado de conciencia.

A la vez que creamos conciencia de que atraemos a nuestras vidas lo que somos—atrayendo la misma energía que irradiamos con nuestras intenciones, pensamientos y acciones—comenzamos el camino hacia la liberación. Cuando tomamos conciencia que somos los creadores de nuestras experiencias, que somos responsables de los viejos patrones negativos que hasta ahora no nos han servido, comprendemos que, al asumir responsabilidad, ejercemos el poder para adoptar nuevos patrones positivos que nos liberen de nuestras prisiones y a la vez atraigan la abundancia y la felicidad que todos añoramos.

Indudablemente, el reflejo del mundo que ves a tu alrededor lo has creado tú, y por lo tanto, de la misma manera que lo creaste lo puedes des-crear. Y es que, el mundo en sí no cambia para uno. El mundo no puede cambiar porque la "realidad" del mundo que percibimos es en sí un efecto. Y la causa de ese efecto, lo cual experimentamos como nuestra realidad o experiencia subjetiva del mundo, es en sí tu pensamiento y los pensamientos de todos los co-participantes de esta vida. Entonces, la responsabilidad del cambio reside en uno—en ti, en mí, en nosotros.

¿Y si vemos y experimentamos lo que no nos gusta, quien es responsable si no uno? Reconociendo la causa de lo que experimentamos y reconociendo que la causa está en nuestras manos nos libera, pero a la vez conlleva una gran responsabilidad. Es nuestra responsabilidad individual y colectiva de cambiar la causa—nuestros pensamientos y percepciones—para así liberarnos de los viejos patrones que obstaculizan nuestro desarrollo y superación, y lo cual obstaculizan la expansión de conciencia y el reencuentro con el verdadero estado de Amor y Felicidad. Cambiando la calidad de nuestras percepciones, de nuestros pensamientos, de nuestras palabras y de nuestras acciones, propulsamos el cambio que deseamos ver y experimentar en nuestro entorno y alrededor del mundo entero. Somos creadores y creamos en base a nuestra conciencia, en base a nuestras intenciones y nuestra voluntad. Creamos en base a lo que creemos, y proyectamos al mundo estas mismas creencias, las cuales se materializan en el mundo que vemos y experimentamos a diario, comparable a lo que vemos reflejado en un espejo de alta definición.

CONTEMPLACIÓN CONSCIENTE

Mientras nos conduzcamos ante la vida pensando que "el fin justifica los medios," como expresó Nícolo Machiavelli en el Príncipe, seguiremos vendados, guiados y aprisionados por nuestro ego. Actuar en base a esa regla es desconocer nuestra verdadera esencia y desconocer que el universo se desenvuelve en base a principios o leyes espirituales. El fin y los medios no son independientes de sí mismos, no son elementos separados. El fin y el medio es lo mismo y es uno mismo. Cuando reconoces que el fin y el medio es lo mismo y es uno mismo, ya que nacen de uno y de una misma energía, comienzas a contemplar conscientemente tus intenciones, palabras, y acciones con el cuidado tierno de un jardinero a su rosal. Aquí comienzas a cultivar las semillas positivas de lo que deseas que florezca en tu vida personal y de tu entorno.

Cuando hablo de contemplación consciente hablo de una contemplación sin apego ni juicio. Es observar sin agregar nada a lo observado. La contemplación consciente no significa evaluar, analizar, ni juzgar lo que observamos— es lo que llaman 'Mindfulness' en Ingles en las enseñanzas Budistas. Implica una presencia calmada y despierta ante cada momento que se desenvuelve aceptando, sin juicio, todo lo que transcurre dentro y fuera de ti. En este estado de presencia experimentas la unión de mente, cuerpo y espíritu. Es contemplar con una conciencia despierta o alerta todas tus intenciones, emociones, y los hechos sin autocastigarte por lo que te desagrada en ti mismo y sin culpar a los demás por sus acciones.

La contemplación te ayuda a regar y fortalecer las raíces de todas las intenciones y emociones positivas que residen en tu conciencia, tales como son la bondad, la compasión, el amor y la paz. La contemplación consciente te ayuda a centrarte para observar tus impulsos con claridad y sabiduría y te ayuda en la evolución de tu consciencia y en tu crecimiento espiritual dentro de tu experiencia terrenal.

¿Cómo se comienza? Primero, con la intención de que esta sea tu nueva prioridad. Que, antes de tomar alguna decisión o de reaccionar ante un estímulo, te recuerdes a ti mismo del cambio que te has propuesto para liberarte del sufrimiento y expandir a un nuevo estado de plenitud emocional y espiritual. Comienzas reconociendo tus percepciones y pensamientos personales de la vida que te atrapan en la prisión de un círculo negativo. Por ejemplo, nuestras percepciones son subjetivas y muchas veces reflejan nuestros prejuicios, nuestra ignorancia, nuestra ira, nuestra arrogancia, nuestros deseos y apegos todos los cuales nos causan sufrimiento. Profundizando en la naturaleza de tus percepciones comenzarás a cultivar percepciones y pensamientos de mejor calidad. Tu punto de vista no es la verdad ni la única manera de ver las cosas, es tan solo una entre muchas maneras de percibir la vida y las situaciones que enfrentas a diario. Cada vez que surja una percepción o pensamiento negativo recuérdate que es tan solo una percepción subjetiva de tu propia creación y que tienes el poder de transformar la calidad de tus percepciones y pensamientos con la energía positiva del amor, la compasión, la comprensión y la paz.

GUÍA DE CONTEMPLACIÓN PARA LAS BUENAS ACCIONES

La contemplación consciente nos sirve también de guía para mejorar la calidad de nuestras acciones. Cuando incorporas la contemplación consciente en todas tus decisiones, experimentas la diminución de tu sufrimiento escogiendo de manera consciente para evitar los estragos de karma negativo a nivel individual y colectivo. Contemplando la calidad de tus acciones, comienzas a disfrutar los beneficios de la felicidad y del bienestar al nivel de tu mente, cuerpo y espíritu.

La tradición Budista nos ofrece un buen guía para cultivar las buenas acciones. El Budismo no es una religión sino una guía para aumentar el bienestar y disminuir el sufrimiento en el mundo de las formas. Son éticas del buen vivir al nivel personal y colectivo y las enseñanzas se complementan muy bien con los principios de las principales tradiciones religiosas. Los Cinco Entrenamientos de Contemplación como las llaman los budistas son:

1- Reverencia a la vida- No violencia
2- Generosidad
3- Responsabilidad sexual
4- Expresión correcta
5- Contemplación consciente de nuestro consumo

<u>Reverencia a la vida</u>

Reverencia a la vida es no matar ni ejercer violencia no tan solo con nuestras acciones sino también con nuestras intenciones, nuestros pensamientos y palabras. Implica valorar la vida en todas sus expresiones a nivel de todos los seres vivientes con quienes compartimos este mundo—seres humanos, flora y fauna. Es no practicar violencia a sí mismos por medio de decisiones y patrones negativos que nos autodestruyen con lo que consumimos y con lo que pensamos de sí mismos, de los demás y de nuestro mundo. Es valorar la vida como una la cual compartimos con todos los seres vivientes y la cual fluye por medio de todos por igual.

Generosidad

Generosidad es compartir y no necesariamente solo a nivel material sino también dando de sí mismos, de nuestra atención y presencia a los que necesiten de uno. Es dar lo que promueve la vida, el amor, la compasión y la paz. Implica no robar ni engañar a nadie ni apoyar a nadie que se lucre engañando al prójimo.

Responsabilidad Sexual

Responsabilidad Sexual se refiere a no sostener relaciones íntimas donde no exista amor ni un compromiso auténtico como pareja. Es evitar la compulsividad sexual, la promiscuidad y el adulterio. Es evitar la explotación sexual de personas indefensas como los niños, niñas y adolescentes entre otras. Ejercer responsabilidad sexual nos protege al nivel individual, al nivel familiar y como sociedad.

Expresión Correcta

Expresión correcta es ejercer cuidado con nuestras palabras verbalmente y por escrito. Personalmente puedo afirmar que esta ha sido una de las lecciones más importantes y de más provecho al nivel personal y profesional surtiendo frutos inmediatos. Significa expresarte con la verdad, de manera gentil y bondadosa ante toda situación especialmente en las situaciones más difíciles. En el Capítulo 3 exploramos la importancia de nuestras intenciones. La expresión correcta es más que solo medir tus palabras antes de expresarte. Implica una congruencia íntima entre tus intenciones y tu comunicación. Nuestras palabras son muy poderosas porque son portadoras de la energía de nuestras intenciones y con ellas podemos herir, causar mucho daño o por lo contrario sanar y fomentar la paz y el amor. Es muy importante contemplar conscientemente nuestra intención antes de expresarnos por cualquier medio, sea personalmente, por teléfono, por escrito y por las redes sociales. Ahora nuestra tecnología nos permite la oportunidad de comunicarnos alrededor del mundo en segundos. Ahora con un "clic" puedes transmitir al mundo tu energía, tus intenciones, tu punto de vista. Te compartes con la red interconectada de nuestro mundo externo y con ello pones en circulación tu regalo al mundo. Esto es un avance impresionante pero con ello implica una gran responsabilidad.

Si vas a enviar una carta o un correo electrónico, es bueno hacerlo en un estado de contemplación consciente. Especialmente cuando te vas a comunicar con una persona que talvez no te agrada mucho, o cuando necesitas responder ante una situación complicada y que talvez detona emociones negativas en ti. Por ejemplo, la expresión correcta significa practicar una comunicación libre de prejuicios y de agresión. Debe ser libre de mentiras, orgullo, sarcasmo, ira o de cualquier expresión cuya intención sea atacar, herir o estimular emociones nocivas. Cuando ejerces una expresión correcta, te fundas en la verdad, eres objetivo y diplomático y las intenciones detrás de tus palabras buscan la sanación de heridas emocionales, buscan la cooperación, buscan la comprensión mutua al nivel profundo del Ser, y buscan soluciones a problemas de manera compasiva y pacíficas.

Cuando las intenciones son positivas, la energía de tu comunicación estará basada en el poder auténtico de tu Ser Superior. El recipiente de tu comunicación recibirá la energía y el mensaje de tu intención y responderá de acuerdo a esta misma frecuencia a la cual diste inicio. Enfrentados ante situaciones difíciles la expresión correcta surte efectos inmediatos y ponemos a circular la misma energía que deseamos recibir en nuestras vidas. Antes de tomar el teléfono, antes de enviar un texto, o correo electrónico o dar "clic" a tu próximo mensaje en las redes sociales pregúntate, ¿Cuál es mi intención con esta comunicación?, ¿Mis palabras aportarán a la contaminación o a la alimentación de nuestro mundo? Si la intención no contribuye a nada constructivo, o no está del todo clara, detén la comunicación hasta que aclares tu mente, tranquilices tu cuerpo y tu espíritu y puedas comunicarte de manera positiva. De lo contrario, no solo le estarías haciendo daño al recipiente de tu comunicación sino a ti mismo/a.

Contemplación Consciente de nuestro Consumo

Contemplar lo que consumimos se refiere no solo a lo que consumimos como comida sino a todo lo que consumimos de diferentes formas. El Buda nos describe cuatro tipos de alimentación a la que nos sometemos continuamente: (i.) Alimento- comida/bebida, (ii.) Consumo a través de los cinco sentidos, (iii.) Intención o Voluntad y (iv.) Conciencia

(i) Alimentos

Cuando alimentamos nuestro cuerpo físico debemos elegir nutrición sana libre de toxinas. Implica evitar y disminuir o eliminar comidas, bebidas, y otros consumos que no contribuyan a nuestra salud corporal, mental y espiritual tales como el tabaco o cigarrillos, el alcohol y las drogas las cuales son tóxicas para nuestros pulmones, hígado, y cerebro. Sus efectos son tóxicos también para nuestros seres queridos sea directa e indirectamente por el sufrimiento físico, emocional y mental que causan cuando nuestras familias y nuestra sociedad sufren a causa de nuestro consumo inconsciente.

Realísticamente no vivimos en un monasterio Budista, entonces es muy probable que si tomas socialmente, por ejemplo, no vayas a dejar de tomar por completo. Opino que el punto importante para aplicar a nuestras vidas seculares es el de la contemplación consciente de nuestro consumo, adentrar en lo que realmente te motiva a beber, fumar etc., y reconocer si dependes de la bebida u otro consumo para sentirte alegre o emocionalmente estable y concienciarte de los efectos de tu consumo. Por ejemplo, si cada vez que bebes te embriagas, o tu consumo interfiere con tus relaciones personales y tu trabajo, o notas que si no te bebes uno o dos tragos diario o semanalmente no te sientes bien, el consumo seria tóxico a nivel personal, familiar y colectivo. Significa que probablemente dependes de este consumo para llenar un vacío emocional o lo utilizas como una forma de escapismo del momento presente. Eliminarlo por completo sería ideal y disminuirlo sería también de mucho beneficio. Mantenerte en salud mediante un consumo consciente y balanceado protege tu salud a nivel individual, familiar y colectivo.

(ii) Consumo a través de los cinco sentidos

Con los cinco sentidos también consumimos constantemente. Consumimos con los programas de televisión que escogemos ver individualmente y con nuestras familias y amistades. Consumimos libros, revistas, música, juegos y conversaciones. Cuando el contenido de lo que consumes es violento o contribuye a la crítica, la ira, la irresponsabilidad sexual o es de alguna otra manera tóxica, no contribuye a una mente ni un espíritu sano. Es importante observar el contenido de lo que consumes y evitar lo que perjudica o distrae de tu crecimiento espiritual y de lo que influye negativamente a tu familia y a nuestra sociedad.

Pienso que es recomendable ocasionalmente practicar una "dieta" de nuestros consumos distractores y nocivos para alivianar nuestra mente, nuestras emociones y nuestro espíritu. Por ejemplo, podrías practicar una 'dieta tecnológica" apagando tus dispositivos electrónicos, la TV, tabletas y celulares y desconectándote de las redes sociales por una hora o un día completo para desintoxicarte de los estímulos que causan distracción y turbulencia en tu mente. La desconexión te ayuda a tranquilizarte, a redescubrir tu verdadera esencia y a fomentar pensamientos positivos que nutren tus intenciones y tus acciones. Conectarte con tu espacio interno y expandir en la práctica espiritual se hace más difícil cuando constantemente recibes estímulos tóxicos y distractores.

Si evaluamos los mensajes y estímulos que nos presenta la TV por ejemplo, vemos que la mayoría son dirigidos a fortalecer nuestro ego. Los comerciales nos hacen pensar que necesitamos comprar cosas materiales para sentirnos importantes o aumentar nuestra felicidad, o que necesitamos comprar productos que mejoren nuestra apariencia para sentirnos mejor de sí mismos. Aunque existen excepciones, la mayoría de los programas son distracciones que aportan poco valor a nuestro crecimiento espiritual y sirven principalmente como una forma de escape del momento presente.

Mientras más nos conectamos con esos medios, más nos estamos conectando a la frecuencia de la inconsciencia colectiva. Es inconsciencia porque se piensa y se actúa sin saber lo que se hace, es como vivir dormido "enchufados" a una realidad externa que hemos aceptado sin cuestionarla como en la película *The Matrix* (Wachowski, 1999). Conectarnos de lleno a las redes sociales, el internet, juegos y la TV nos distrae de reconectarnos con el espacio interno de nuestro verdadero Ser lo cual es la fuente inagotable de la verdadera abundancia y la Felicidad.

En el mundo de las formas el ego es el rey. Vivimos en un sistema que se nutre de nuestra inconsciencia egóica. Vivimos en un sistema comercializado multimillonario que existe en base a suplir los deseos y las necesidades falsas del ego las cuales son insaciables. Nos venden la idea que podemos llenar nuestro vacío con marcas lujosas, autos, el último dispositivo tecnológico, productos de belleza y de anti-envejecimiento con promesas de juventud y de felicidad, y la falsa promesa implícita de aumentar nuestro valor agregado. A este sistema no le conviene que uno despierte de la inconsciencia del ego ni que nos alineemos a la sabiduría de nuestra verdadera esencia. Cuando despertamos de la inconsciencia del ego, el sistema no nos puede controlar, explotar, aprisionar, ni nos puede vender la ilusión de un valor falso ni de felicidad efímera. Cuando despertamos a un estado de conciencia pura, más allá del ego, nos arraigamos al poder auténtico de nuestro Yo Superior, reconocemos nuestro valor intrínseco, reconocemos que somos completos, transformamos la calidad de nuestra experiencia humana. Vemos la luz de la Verdad. Nos liberamos.

(iii) Intenciones o Voluntad

Nuestras intenciones o voluntad también nos nutren. Nuestras intenciones y voluntad son un reflejo de lo que valoramos y deseamos. Es de acuerdo a nuestra intención o voluntad que le damos energía a lo que valoramos y deseamos manifestar en nuestras vidas. Por ejemplo, si una persona tiene la intención de ganar el máximo de dinero posible sin importarle a qué se dedique, aunque sea ilegal o no ético, no se detendrá en alcanzar su objetivo. Su mente y su energía estarán constantemente fijadas, día y noche y hasta en sus sueños, en crear los medios para lograr esa meta. La persona consume en base a esa energía y esto nutre su conciencia y todo lo que ejecuta con la intensidad de su voluntad para obtener su fin. Si esta persona decide que el dinero es lo único que la hará feliz y, por ejemplo, no tiene ningún remordimiento al vender drogas o asesinar por paga, su voluntad sería un consumo tóxico que estaría contribuyendo a su propio sufrimiento, al sufrimiento de su familia y al de nuestra sociedad. Si contemplamos conscientemente nuestras intenciones y cultivamos intenciones sanas que contribuyan a nuestra expansión y liberación del sufrimiento, nos daremos cuenta que las cosas materiales, aunque placenteras, no ofrecen felicidad permanente. Cultivando intenciones que apoyen reverencia a la vida, el flujo del amor, la paz y la compasión, estaremos alimentando nuestra voluntad y nuestra consciencia individual de verdaderos beneficios para sí mismos, nuestras familias y la conciencia colectiva.

(iv) Conciencia

La conciencia es la cuarta alimentación y se comprende de todas las raíces de las emociones, pensamientos y acciones que hemos cultivado y fortalecido a lo largo de nuestras vidas los cuales están formadas de nuestro pasado, de las percepciones que hemos heredado de nuestras familias y que hemos asimilado de la conciencia colectiva como lo son nuestra sociedad, nuestra cultura, nuestra nación, entre otras. Nuestras palabras, acciones, pensamientos y todas las otras cosas que injerimos a diario nutren constantemente nuestra conciencia. A lo que sea que valoramos y le ponemos nuestra atención crece y se expande contribuyendo a la formación de nuestra conciencia. Es importante entonces contemplar y nutrir nuestra conciencia de valores sanos para nuestra protección personal y de nuestra sociedad. Por ejemplo, en vez de nutrir nuestra conciencia de odio, lujuria, avaricia o envidia podemos elegir conscientemente con fin de nutrirnos a diario de amor, inclusividad, paz, compasión y regocijo por la vida.

En las enseñanzas Budista, la contemplación consciente es una parte integral en todas las acciones que ejecutamos y en como nos dirigimos ante la vida para liberarnos del sufrimiento y cultivar el bienestar a nivel personal y colectivo. Un símbolo que me encanta y me recuerda de estas enseñanzas es la imagen de un ojo en la palma de la mano. Este símbolo se ve frecuentemente en deidades de los templos tibetanos, chinos, japoneses, coreanos y vietnameses. El ojo significa comprensión y percepción profunda las cuales se nutren de la contemplación consciente. La mano significa nuestra acción. En mi interpretación personal los cinco dedos simbolizan las cinco contemplaciones—esto me ayuda a tenerlas presente cada vez que veo la palma de mi mano. Significa que cuando te dirijas hacia el mundo con tus acciones lo hagas mirando con el estado iluminado de tu alma y con la presencia consciente de la contemplación profunda. Así de ti siempre ofrecerás, de tu mano a los demás, el mejor regalo de tus actos, y lo que toques siempre florecerá dejando el bálsamo de tus buenas acciones.

ORACIÓN FRANCISCANA POR LA PAZ

La tradición Católica también nos ofrece otra guía hermosa para cultivar buenas intenciones y acciones, la Oración de San Francisco de Asís conocida también como Oración Franciscana Por La Paz. Esta enseñanza de San Francisco de Asís es como una formula espiritual de alquimia porque transforma el odio, la duda, la desesperanza y la tristeza en amor, fe, esperanza y regocijo. Es la química para manifestar el campo de Conciencia Divina aquí en la tierra. Practicando a este nivel de contemplación, nuestras intenciones, nuestras acciones y nuestras vidas se trasformarán con el poder auténtico del Universo manifestando en nuestras vidas y nuestro entorno el Paraíso en la Tierra. Durante mi niñez y adolescencia asistí a colegios Católicos y siempre estuve familiarizada con la oración de San Francisco de Asís, pero hasta muy recientemente, no había leído y absorbido la profundidad, la sabiduría y la energía de las palabras. La oración dice:

ORACIÓN DE SAN FRANCISCO

Señor, hazme un instrumento de tu paz;
Donde hay odio, déjame sembrar amor;
Donde hay ofensa, perdón;
Donde hay duda, fe;
Donde hay desesperanza, esperanza;
Donde hay tinieblas, luz;
Donde hay tristeza, alegría.

Oh Divino Maestro,
Que no busque yo tanto
Ser consolado como consolar;
Ser comprendido como comprender;
Ser amado como amar.
Porque dando se recibe;

Perdonando se es perdonado;
Y muriendo en sí mismo
Se nace a la vida eterna.

Esta oración es en sí una guía espiritual que incorpora los principios universales resumidos en el tercer capítulo. Comienza desde la premisa que venimos de una fuente Divina, lo que algunos llaman Dios, Conciencia Pura, Inteligencia Divina, Conciencia Indiferenciada, el Tao entre otras, y lo cual es una fuente de infinitos recursos. En nuestra experiencia humana, cuando nos alineamos a este campo, lo cual es nuestra verdadera esencia a nivel más puro, nos convertimos en vehículos para dar a luz al mismo estado de conciencia Divino en nuestro mundo material por medio de nuestras acciones. Unidos a esta energía Divina comprendemos que tenemos que iniciar la acción de dar para poner en circulación lo mismo que deseamos que se manifieste en nuestras vidas. La clave es que no podemos ser pasivos y esperar primero recibir. Es dando que se recibe, no lo contrario. Hay que primero sembrar paz, amor, fe, esperanza, luz y alegría para poder cosechar sus frutos. Es primero consolar, perdonar y amar antes de esperar ser consolado, perdonado y amado. Tenemos que convertirnos en el cambio que deseamos ver en nuestro entorno y de esa manera poner la rueda del karma positivo a rodar en nuestras vidas. Se ejerce poco esfuerzo para ver frutos cuando procedemos de esta manera porque siendo auténticos a nuestra naturaleza, alineados a la Inteligencia Divina, se irradia una energía que contagia a todos y a todo positivamente porque todo lo que se ejecuta está unido al flujo armonioso de la naturaleza y del Universo. Las intenciones positivas de la oración nos recuerdan la importancia de la energía que impulsa nuestras acciones para manifestar lo que contribuimos a nuestro mundo. San Francisco expone un estado de conciencia fuera del apego característico del ego porque describe un estado de abnegación incondicional al prójimo y de entrega a la fuente Divina reconociendo que muriendo en sí, lo que significa desintegrando el ego, es que se obtiene Vida Eterna, la conciencia expansiva del Yo Superior alineado a la Inteligencia Infinita y Divina o Conciencia Pura. Finalmente, este estado de conciencia a la que nos guía San Francisco nos habla de un propósito de vida donde la espiritualidad y servir al prójimo se convierten en la prioridad, se convierte en el camino diario que emprendemos en todas nuestras interacciones lo cual es el camino de nuestro Dharma en sánscrito. En realidad San Francisco nos guía hacia un solo principio universal que abarca todo— Amor Universal o Amor Divino.

Practicando los principios espirituales del flujo universal y utilizando como guías las enseñanzas tanto del Buda como de San Francisco nos convertimos en vehículos para manifestar la Divinidad inmanifiesta en el mundo de las formas. Nos convertimos en verdaderos alquimistas materializando frutos de luz y armonía en nuestro viaje por el mundo material.

Cada cual somos un acorde en la Sinfonía Universal. Contempla que tu acorde sea puro, armonioso, firme, y claro para así acoplarte a la armonía natural y Divina del Universo. Cuando te alineas a tu verdadera esencia, experimentas la alucinante realidad que tu vida fluye plenamente y sin esfuerzo al compás Universal. En este estado de conciencia te deleitas con la musicalidad armoniosa del Universo reflejada en tu vida porque, tal y como un eco, el universo te devuelve la misma melodía que le confieres.

6

ACEPTACIÓN Y RESPONSABILIDAD

*Cuando aceptas la vida sin resistencia, asumes la responsabilidad
de transformar tu realidad alineándote al flujo inteligente del
Universo.*

EL ROL NEGATIVO DE LA CULPA

Nadie es responsable de la realidad personal que vivimos. Si deseamos que nuestras vidas, nuestro entorno y nuestra realidad cambien, nosotros, al nivel individual, somos los únicos responsables de iniciar los cambios necesarios para lograr ese fin. El mundo, ni nadie, cambian para acomodar a uno. Por más que queramos o esperemos cambios externos no podemos controlar el comportamiento de nadie pero sí podemos modificar el nuestro y con ello nuestra experiencia de la vida.

Si observamos, en muchas ocasiones, cuando las cosas no funcionan como uno desea o las personas no se comportan como uno espera, imponemos la culpa en la persona, grupo o situación que nos provocó el daño o malestar. Vivimos en lo que denomino una cultura humana donde la culpabilidad juega un rol importante. Desde pequeños hemos sido amaestrados con la cultura de la culpabilidad y el remordimiento. Desde niños vivimos momentos donde los adultos a cargo de educarnos nos imponían, en dadas ocasiones, un sentido de culpabilidad para controlar y modificar nuestro comportamiento. Algunos oímos frases como:

"¡No hagas eso, eso es malo, los niños buenos no hacen eso!"
"Si te portas mal, Papá Dios se pone triste y llora."

Con nuestra capacidad limitada de niños, esta técnica funcionaba para que nuestros padres obtuvieran el comportamiento deseado de uno. Pero al haber aprendido esto desde niños, lo internalizamos, consciente e inconscientemente, adquiriéndolo como una herramienta para nuestro desenvolvimiento en la vida. Aprendemos desde temprana edad que culpando a los demás podemos manipular y hasta intentar controlar el comportamiento ajeno y las situaciones.

El caso extremo del rol importante de la culpabilidad es evidente en nuestra cultura litigiosa de los EEUU. Las demandas civiles son un negocio multimillonario donde la meta final es el dinero. En mi profesión se ven casos donde el abuso y la avaricia están muchas veces en juego cuando los supuestos afectados andan como a la asecha, buscando la oportunidad de inculpar a una persona o una compañía con el solo hecho de obtener una suma millonaria. No es que esté en contra de las demandas y de nuestro sistema judicial que compensa a los afectados, sino que se ilustra el nivel extremo de la mercantilización de la culpabilidad y los daños, la valorización monetaria como castigo al imputado por su culpabilidad y el nivel del daño propinado. Me recuerdo que mucho antes de pensar dedicarme a la abogacía, conocí a una señora que se dedicaba a bienes raíces y era casada con un abogado. En casi todas sus conversaciones mencionaba como remedio el hecho de hacerle una demanda por algún motivo u otro a alguna persona o entidad. En cuanto a nuestro sistema penal el ejemplo de castigo más extremo es la aplicación de la pena capital la cual al momento se aplica en 31 estados de los EEUU. La importancia que le damos al culpar y a castigar en proporción al daño es una parte muy arraigada de nuestra conciencia.

Aunque la culpa sea una herramienta comúnmente usada y talvez hasta de beneficio para muchos en el mundo material, al nivel espiritual sus efectos no son positivos para el que las utiliza. Sentir e imponer culpabilidad es una emoción negativa tanto para el que la siente en sí mismo como para el que intenta imponer culpa a los demás. La emoción de culpa fortalece nuestro ego.

"NUNCA ES MI CULPA": EL JUEGO DE CULPAR A LOS DEMÁS

Cuando se culpa a los demás está nuestro ego envuelto. Si otro tiene la culpa, el que se la impone está indicando que tiene la razón, que está bien y que el otro está mal. Imponer culpa a otro implica un nivel de superioridad sobre el otro—implica vivir a la defensiva, implica una distinción entre "uno" y el "otro." Culpar a los demás por una situación o evento implica resistencia a los hechos tal y como son e implica esquivar responsabilidad personal por nuestras acciones y percepciones de las situaciones y eventos que se presentan en nuestras vidas.

Una anécdota curiosa sirve de ilustración. Un viernes, después de terminar un día agotante de trabajo, cierro mi oficina a la hora acostumbrada con el feliz prospecto de llegar a mi hogar a descansar. Caminando hacia mi auto observo una de mis clientas desde lejos, caminando en dirección a mi oficina. Cuando me divisa, apresura su paso y me dice, "¡Traté lo posible de llegar a tiempo pero es que salí de mi trabajo y fui a mi casa primero y luego el tránsito estuvo muy pesado, se me hizo imposible llegar antes!" La clienta no tenía cita conmigo ni tampoco llamó para decirme que pensaba pasar por mi oficina. Le dije que comprendía, pero lamentablemente ya había cerrado y no podría atenderla hasta el día siguiente dentro de mi horario. La señora no deseaba atenderse el día siguiente porque sabía que el sábado suele a ser el día mas ocupado en mi oficina. Sin embargo, dijo que volvería el próximo día. El día siguiente, cuando llego su turno, me mira con un gran lamento en su mirada y me dice, "Si usted me hubiese atendido ayer, no choco mi carro hoy." ¡No pude creerlo! Me estaba culpando de haber chocado su carro con un poste mientras daba reversa estacionando su auto frente a mi oficina. "Ahora tendré que arreglar mi carro. Quedó muy feo," me dice afligida. No pude más que tratar de consolarla y hacer lo posible de ayudarla compasivamente con el motivo de su visita a mi oficina. Sin embargo su reacción se me quedo grabada, y cada vez que lo recordaba me causaba risa por el humor y la inocencia de su conjetura. De hecho, todavía me provoca risa pero creo que la anécdota sirve para una gran lección.

Mientras uno encuentre al culpable de lo que a uno le pasa y de lo que uno siente, uno cree estar libre de responsabilidad ante la situación. Erróneamente se piensa estar en una posición de ventaja sobre el culpable. Mientras uno se crea "inocente" uno es simplemente una víctima, y el culpable es el "villano". Asumimos que mientras se identifique a la "mala," la víctima es "la buena", y todos sabemos que los buenos tienen la razón y que el bien triunfa sobre el mal. Al ego le encanta este juego de inculpar, de quejarse, de pensar tener la razón, de identificar al enemigo y a los responsables de su sufrimiento.

"SIEMPRE ES MI CULPA": EL JUEGO DE CULPARSE A SÍ MISMO

Existen personas que antes de culpar a los demás, siempre encuentran culpa en sí mismos, sintiéndose mal o con remordimiento por cualquier cosa desagradable que ocurra, por simple que sea. No hablo del ocasional remordimiento sino de un estado de conciencia equivalente a una auto-flagelación emocional constante. Llevada al extremo esta emoción es indudablemente negativa con una carga muy pesada para el que se autocastiga constantemente. En este estado es que muchas veces también sentimos culpa por nuestro pasado y nuestra herencia kármica. A este nivel se vive con una identidad de victima donde la persona se condena, se juzga y se auto-invalida constantemente porque desconoce el valor intrínseco de su verdadero Ser. A este nivel se emana una energía de baja frecuencia que se transmite a los demás provocando el mismo castigo que la persona piensa merecer. Las personas que sufren de un gran sentido de culpabilidad muchas veces padecen de salud y sufren muchos "accidentes." Este nivel agudo de culpabilidad es crueldad y violencia a sí mismo. Es un patrón negativo y destructivo que bloquea el amor, la salud, la felicidad y la paz de nuestras vidas y no aporta ningún beneficio para nuestro crecimiento.

Salir de un patrón de culpabilidad personal es imprescindible para liberarnos del sufrimiento. No te debes quedar estancado ahí, sino debes asumir con valentía la responsabilidad de alinearte a una alta frecuencia positiva y de buscar tu transformación. En las filosofías espirituales principales se enseña el no juzgar, la no violencia y el amor incondicional a los demás. Entonces, de esa misma manera debemos aplicar estas enseñanzas con sí mismo. Para salir de esta prisión es importante recordar que somos seres perfectos a nivel espiritual. Debemos entender que no somos culpable sino seres inocentes que hemos sido programados con los programas negativos del ego ("yo" falso) y de la realidad ilusoria que nos "vende" el mundo material de las formas. Debemos percibir a nuestro ego, y a la identidad de víctima que adopta, con compasión cuando intentemos culparnos con severidad. Debemos en esos momentos acogernos con la misma ternura que una madre abraza a un niño inocente brindándole comprensión y amor incondicional recordándole lo precioso que es. Reconectándonos a nuestro Ser Superior, nos alineamos a nuestro verdadero Ser donde no existe el miedo ni la culpabilidad sino la estabilidad de nuestro poder auténtico, la inocencia sabia de nuestro Ser Superior y la inclusividad del Amor Universal.

ESCAPANDO DEL PATRÓN DE LA CULPABILIDAD

El hecho de identificarnos como víctimas es una identidad más adoptada por nuestro ego. Todo con lo que nos identificamos es ego, pero mientras seamos víctimas seremos participantes pasivos ante la vida. Significa no aceptar los eventos que se nos presentan ni asumir responsabilidad por nuestras percepciones ni por la energía con la cual enfrentamos los eventos desagradables de nuestro viaje por la vida. Y es que aceptamos felizmente y sin resistencia todo lo que nos agrada y se nos facilita en la vida, pero es completamente otra historia cuando nos pasan cosas incómodas o desagradables. No aceptar los hechos tal y como se nos presentan es ofrecer resistencia ante la vida y ante la desenvoltura natural del mismo Universo que desencadena en cada momento que vivimos. Resistir las situaciones complejas de la vida es como navegar un río en una canoa, remando contra el viento y contra la corriente. Resulta contraproducente resistir lo que "es." La no aceptación y la resistencia es desgastante, estresante y provoca mucho de nuestro sufrimiento.

Nosotros creamos nuestra propia realidad. De acuerdo a numerosos experimentos de la física cuántica se revela que no existe realidad fuera del observador. El observador y lo observado son parte de un mismo sistema donde lo observado es afectado y de hecho creado por el observador. Llevado a la aplicación práctica de nuestras vidas personales, vemos que cada uno de nosotros tenemos la responsabilidad personal de cambiar nuestras percepciones, pensamientos y la frecuencia a la cual nos conectamos para dar forma a nuestra realidad.

A cada frecuencia existe una realidad. Cambiando de frecuencia observamos que lo que antes era verdad o real ya no lo es. Los diferentes niveles de frecuencia dan raíz a diferentes calidades de pensamientos y diferentes realidades. Entonces, uno crea su realidad en base a la frecuencia a la cual nos unimos. Por ejemplo, podemos escoger unirnos a las frecuencias de energía baja donde dominan el odio, el rencor, la envidia, la culpa el miedo o podemos escoger alinearnos a las frecuencias de energía altas como lo son la valentía, la aceptación, la comprensión, la compasión, el amor y la paz.

Existen estudios y experimentos los cuales describen con detalle los diferentes niveles de frecuencia de energía asociados a nuestras emociones las cuales corresponden a los diferentes estados de conciencia (David R. Hawkins, 1995, 2012). Existe un paralelo entre estos estudios y las tradiciones del oriente que describen, tanto en la acupuntura, el yoga y el tai chi entre otros, nuestra energía vital (Prana o Chi), los centros de energía del cuerpo (Chakras), los meridianos del cuerpo energético, las emociones asociadas a cada punto, y la importancia de desbloquear la energía negativa para el flujo armonioso de nuestra energía para una salud optima corporal, mental y espiritual.

En síntesis, todo emite energía, sea positiva o negativa y esta energía puede ser medida o calibrada para descubrir su esencia y su veracidad (David R. Hawkins, 1995, 2012). Las diferentes energías crean patrones de energía, o estados de diferentes niveles de conciencia, los cuales atraen patrones de energía de la misma afinidad. En sus estudios y experimentos, Hawkins descubrió una metodología para calibrar la energía que emitimos por medio de la Kinesiología[2] creando un "Mapa de Conciencia" donde por cada energía calibrada se obtuvo un valor para llegar a una escala logarítmica linear de poder energético que asciende desde el 1-1000.[3] El Dr. Hawkins ha sido un pionero en los estudios del campo de conciencia. Recomiendo mucho su libro para el que desee profundizar en el terreno amplio y rico de la expansión de conciencia.

Intuitivamente hemos sabido que nuestra energía se emite y seguramente en más de una ocasión hemos experimentado presenciar una energía negativa o positiva que emana de otro o de un ambiente. Las investigaciones y estudios simplemente confirman con ciencia y matemática lo que hemos sabido y complementan la sabiduría de las tradiciones del oriente. Básicamente, las energías de baja frecuencia son las que llamamos negativas y las energías de alta frecuencia son las que llamamos positivas.

A cada nivel de energía se experimenta una realidad diferente, una calidad de experiencia humana diferente y hasta un concepto de Dios diferente. Cuando internalizamos el valor de estos estudios a nivel personal y colectivo nos despertamos ante el empoderamiento auténtico y creativo de nuestro Ser Superior el cual mora en nuestro interior y siempre nos acompaña. Nos damos cuenta que tenemos las herramientas para elegir nuestra realidad, para mejorar la calidad de nuestra experiencia humana y para expandir nuestra conciencia al nivel espiritual donde existe la liberación del sufrimiento.

¿Cómo ascendemos en la escala de energía? Para conectarnos a las frecuencias más elevadas y experimentar cambios inmediatos a nuestra calidad de vida lo primero es llegar al estado de la aceptación. A esta frecuencia o estado de conciencia dejamos de culpar a los demás por las situaciones desagradables de nuestras vidas tanto del pasado como del presente. Aquí tomamos plena responsabilidad por nuestras acciones y omisiones en la vida. Dejamos de apuntar el dedo buscando "los villanos" de nuestro drama para encontrar justificaciones a nuestras emociones negativas y a los patrones negativos a los cuales muchas veces nos apegamos inconscientemente y los cuales no nos sirven para nada. Buscando justificaciones y quejándonos y culpando al mundo externo de lo que nos "hacen" es una identificación errónea más del ego, una posición vulnerable y débil basada en una identidad de victima pasiva ante la vida, la cual muchas veces busca lástima y empatía y protección de los demás. Recordemos que el ego es un "yo" falso. Desea identificarse con cualquier etiqueta o energía que mantenga su sentido de ser vivo. Nuestro ego teme morir, teme desaparecer porque piensa "ser" quienes somos. El ego resiste todo lo que aparenta amenazar su existencia y su sentido de ser. Nuestro ego se nutre y se fortalece del drama de nuestras vidas y de las historias que creamos y creemos de sí mismos y del mundo en que vivimos.

Mientras nos unimos a frecuencias negativas y nos culpemos a sí mismos o a los demás por las situaciones que enfrentamos, estaremos esquivando nuestra responsabilidad personal y negando la verdad de nuestro poder auténtico como seres creativos, y negando la responsabilidad de reconectarnos con la Luz Interna de nuestro Ser Superior que nos ilumina y nos guía con sabiduría. Unidos a las frecuencias bajas o negativas (como lo son la vergüenza, el miedo, la ira y hasta el orgullo) domina el ego y domina una narrativa de inconsciencia que no aporta nada positivo a nuestro crecimiento y trascendencia espiritual. A estos niveles inferiores de energía creemos, primordialmente, en nuestras necesidades materiales y en nuestra supervivencia en el mundo material. Las necesidades del "yo," "mi" y "mío" son de prioridad. A esos niveles nuestra realidad es fragmentada y no vemos más allá de las dualidades; todo en nuestro mundo se mueve en base a contrarios, en términos de separación entre "yo" y "todos los demás" o "nosotros" contra "ellos," se piensa en perdida y ganancia y en el esfuerzo de pelear contra lo "malo" y la oscuridad.

Cuando nos unimos a frecuencias altas o positivas—por ejemplo, valentía, aceptación, compasión, amor, paz y la trascendencia espiritual o Iluminación, la cual es la frecuencia vibratoria más alta—operamos alineados al poder auténtico de nuestro verdadero Ser, de nuestro Ser Superior. A estos niveles se cree primordialmente en la Consciencia Pura como nuestro verdadero Ser y despertar y expandir nuestra conciencia a los niveles más altos se convierte en nuestra realidad y prioridad de vida donde opera el Amor, la Paz y la liberación del sufrimiento y de la prisión de nuestro ego.

En nuestra experiencia humana es natural que oscilemos en frecuencia de energía o en niveles de conciencia en diferentes ocasiones o etapas de nuestras vidas. Lo importante es saber que somos responsables de escoger a qué nivel nos alineamos. Mantenernos alineados a los niveles donde domina nuestro ego no es que sea "malo," pero sí podemos presenciar que enfocándonos únicamente en nuestras necesidades materiales y conectados a las frecuencias inferiores de energía es donde experimentamos los efectos adversos del ego y con ello el sufrimiento. A los niveles superiores de energía, y de una conciencia expansiva, se vive con entrega y sin resistencia ante la vida, confiando en el Orden Divino y manifestando frutos de la misma frecuencia creando una realidad más plena y libre de sufrimiento.

Les presento un ejemplo personal para poner todo esto en contexto. Hace unos años, un vecino nos puso a prueba. Desde que se mudó al lado, el señor buscaba siempre un motivo para quejarse de alguna u otra cosa. Siempre aparentaba haber algún problema lo cual traía inmediatamente a nuestra atención. Comenzó una discordia que culminó un día cuando se tomó la atribución de machetear los árboles de laureles del frente de nuestra casa y de cementar unos horrorosos vidrios de botellas quebradas encima de nuestra verja contigua a él, y de una porción de nuestra verja frontal, para protegerse de potenciales ladrones a la asecha que pudiesen violar nuestra propiedad con el propósito de luego entrar a la de él. Sus acciones habían sido impulsadas por su paranoia ya que decía que los árboles eran muy frondosos y alguien podría esconderse detrás de ellos para planear un asalto o violar la entrada de nuestras propiedades respectivas. Se pudieran imaginar la reacción de una amante de la naturaleza al ver unos lindos árboles de laureles con sus ramas mutiladas, macheteadas descuidadamente en lo que aparentaba ser un acto de violencia y vil desafío. Reportamos una querella con la policía por traspaso ilícito de nuestra propiedad y le advertimos al vecino de los inminentes cargos penales y demanda civil en su contra por lo cual tendría que prescindir de mucho tiempo, dinero y contratar muy buenos abogados para su defensa. Comenzó la batalla de los egos—la batalla de las "victimas" contra el "victimario."

Arreglamos los daños a nuestra verja de manera estética y segura lo cual tenía la ventaja adicional de servirnos como mampara de privacidad para no tener que ver ni interactuar con el vecino. Los árboles de laureles volvieron a crecer con ramas frondosas de hojas verdes. Entonces comenzaron a enfriarse las emociones caldeadas. Comenzó el momento de reflexión de todo lo transcurrido y de enfrentar nuestra inconsciencia.

Estos incidentes revelaron las dimensiones de mi ego. Revelaron mi nivel de apego a mis posesiones (mi casa, mi verja, mis arboles), de mi no aceptación de las situaciones, ni del comportamiento, ni de la conciencia del vecino. Reveló mi nivel de orgullo por el atrevimiento y el atropello del vecino. Demostré expresión incorrecta, emociones de ira y resentimiento. Lo culpaba de los daños y de mi enojo sintiéndome muy justificada de que todas estas emociones negativas se hayan activado en mí.

Entonces una noche decido buscar la solución espiritual y la lección ante todo esto. Entré en silencio y quietud para llegar a una meditación profunda de contemplación compasiva en cuanto a mí misma y de mi vecino. Poco a poco vi con mi alma la humanidad compartida y la unión de nuestros espíritus al nivel profundo del Ser, más allá de nuestras mascaras del ego. Vi que él, al igual que yo, con todas nuestras virtudes y defectos, éramos seres amados y valorados por alguien en esta vida—que proveníamos de la misma fuente creadora que nos encarnó en esta experiencia humana donde cada uno tenía un propósito de ser. Vi que los dos, al igual que el resto de la humanidad, estábamos tratando de navegar lo mejor posible en este viaje por la vida y de sanar nuestros sufrimientos a lo largo del viaje. Comprendí que las acciones del vecino habían sido motivadas por su miedo ante una inseguridad sea real o no, y que mis reacciones fueron fundadas en mi ego o inconsciencia. Todo el resentimiento se fue derritiendo y fue remplazado por una sensación cálida que hormigueaba en mi corazón lo cual se sentía que se ensanchaba y que emanaba una energía de ternura y de compasión hacia mi vecino.

Cambié de frecuencia ante la situación, expandiendo mi conciencia a un estado de aceptación profunda, de comprensión, de compasión por el vecino y por mí, y de un sentido de Unidad. Había tomado la responsabilidad de cambiar lo único que podía cambiar: mi energía, la frecuencia a la cual me alineaba, mis percepciones sobre la situación y con respecto a mi vecino. Cambié mi estado de conciencia.

Los culpables pueden verse como los villanos de la película y hasta cierto punto se podría decir que se siente ira por la situación. Sin embargo, al nivel de una conciencia de aceptación, comienzas a ver claramente que no puedes controlar el comportamiento de las personas. Aceptar los hechos tal y como son, no como quisiéramos que fuesen, es el primer paso para la madurés espiritual que nos encamina hacia una nueva realidad. Aceptando las situaciones difíciles tomas responsabilidad por modificar lo único que puedes modificar, tu percepción personal de cualquier circunstancia desagradable y de las personas envueltas. Después de tomar responsabilidad por tus emociones y tu estado de conciencia personal, después de meditar o reflexionar conscientemente sobre la situación, empiezas a ascender en frecuencia. Comienzas a percibir que los autores no son victimarios sino muchas veces son víctimas de sí mismos. En este nuevo estado de conciencia percibes que los autores del supuesto daño no saben que son seres divinos, seres espirituales viviendo una experiencia humana. Se podría decir que llegas a un estado despierto y expansivo donde percibes que ambas partes son en sí "victimas" inocentes del poder falso y de la neblina de inconsciencia que los invade y lo cual amerita compasión. Es que, cuando ambos están alineados a su "yo" falso, tanto el "victimario" por la calidad de sus acciones", y la "victima" por la calidad de sus reacciones, comparten la misma enfermedad—la inconsciencia del ego.

Muchas de las acciones inconscientes están fundamentadas en miedo, inseguridad, apego a posesiones, temor a las pérdidas, juicio de los demás, orgullo, poder falso, todos los cuales provienen del ego y de la venda que oculta la grandeza de nuestro Ser Superior, de nuestra verdadera esencia. Todos tenemos momentos de debilidad donde bajamos de frecuencia y el ego se aprovecha en esos momentos. Cuando percibes esto comienzas a verte a ti mismo y a los demás con compasión porque percibes los niveles de sufrimiento que podrían provocar destrucción en cuanto a la salud emocional, física y espiritual tanto tuya como de tus co-participantes.

En este estado más expansivo de conciencia comprendes que no hay enemigos ni villanos, sino inocentes perdidos en la oscuridad. En esta nueva película no existen villanos ni héroes o heroínas. Se termina el juicio porque ves reflejada tu humanidad y tu espíritu en los que creías que alguna vez te hacían daño a ti y a tus seres queridos. Alineado a esta nueva frecuencia positiva donde prevalece la compasión y el amor desaparece el enemigo y los problemas, tienes una nueva percepción de las situaciones, vives una nueva realidad. El objeto de la discordia deja de ser un problema y un motivo de angustia, es como si se borrase por completo de tu mente y de tu conciencia.

¿Quién cambio, mi vecino y la situación, o la conciencia de quien lo percibía como el villano culpable de la situación? La realidad cambio cuando la observadora en mí aceptó los hechos sin ofrecer resistencia a ellos ni a la conciencia del vecino. La realidad cambio cuando la observadora en mí, al nivel del Ser Superior, decidió aceptar la responsabilidad de modificar sus propias percepciones y la frecuencia de su conciencia. Elevando la energía de mi conciencia a un estado espiritual más expansivo, la realidad se transformó inmediatamente. Inclusive, como la energía es materia, la cual porta información sobre nuestras intenciones y percepciones, esta nueva energía positiva de parte mía se transmitió de inmediato a mi vecino. Al cambiar mi frecuencia él también cambió la suya. Nuestra relación se transformó y actualmente nos llevamos muy bien— cooperamos uno con el otro y no existe ninguna discordia, existe paz. Los cambios y las soluciones siempre se inician dentro de uno, volteando el foco de afuera hacia adentro, hacia nuestro espacio interior, el espacio de nuestro Maestro Interno o Ser Superior.

Es importante comprender que la aceptación no se debe confundir con resignación, no es pasiva. La aceptación es un estado de claridad ante los cambios y la impermanencia, ante las altas y bajas de la montaña rusa de la vida. Significa no vivir a la defensiva ni resistiendo el curso y el contenido de nuestra vida y nuestro mundo. El estado de aceptación es la antesala a las acciones responsables las cuales están fundamentadas en una conciencia despierta y en la estabilidad de nuestro Ser Superior.

MÁS ALLÁ DEL PERDÓN

El perdón implica juico y culpa. El perdón implica "bien" y "mal." Cuando practicamos la aceptación, la no resistencia y la responsabilidad, expandimos a un estado de conciencia donde el perdón no es necesario, no es importante, no sirve ninguna función. Envés de pensar en perdonarnos a sí mismos y a los demás, el cual implica juicio de parte de uno y lo cual implica que alguien hizo mal, simplemente dejamos pasar las situaciones y las emociones negativas detonadas en uno por estímulos externos. Nos desprendemos de los resentimientos y de las emociones negativas que sentimos de si mismos o las cuales se activan por los estímulos desagradables de las personas con quien interactuamos y las situaciones incomodas que se nos presentan.

Envés de pensar en perdonar, pensamos en aceptar las acciones, los eventos, y la energía de los demás, y optamos por desprendernos de las emociones negativas y de los efectos que provocan en uno. A este nivel de conciencia nos desprendemos de las emociones y de los pensamientos que nos causan sufrimiento, sin juicio, compasivamente, y ecuánimemente porque entendemos, con la comprensión profunda de nuestro Ser, que nadie puede actuar más allá de lo que permite su estado de conciencia. En este estado de conciencia, más allá del perdón, vemos con los ojos del alma comprendiendo que las acciones que aparentan causar daño a uno o al mundo están fundamentadas en la inocencia del actor o actores. Vemos compasivamente y sin juzgar porque sabemos que la contabilidad del universo no deja pasar ninguna deuda por alto. Sabemos que el karma es impersonal y que los inocentes de actos inconscientes simplemente no saben lo que hacen. Son inocentes porque no saben que alineados a patrones de energía de baja frecuencia atraen lo mismo a su vida, no saben que acumulan una deuda kármica con el universo, no saben que son los causantes de su propio sufrimiento. Cuando expandes tu conciencia a este estado más allá del perdón, aceptas sin juzgar y sin culpar las acciones de los demás. Cuando observas las acciones que parten de la inconsciencia humana objetivamente, experimentas una nueva apertura espiritual donde sientes compasión profunda por la inocencia que observas en ti mismo, los de tu entorno y al nivel colectivo (tu ciudad, tu nación, y mundialmente). En este estado de conciencia más allá del perdón, tomas plena responsabilidad de desprenderte de las emociones negativas que bloquean tu crecimiento espiritual. Así vas transformando la calidad de tus percepciones, pensamientos, palabras y acciones y por ende tu conciencia y la calidad de tu vida.

Cuando enfrentes una situación difícil o desagradable puedes ascender de energía y de estado de conciencia instantáneamente por medio de los siguientes pasos:

1. Aceptando los hechos de cualquier situación desagradable tal y como se presenten;
2. No ofreciendo resistencia ante la situación no importa cuán desagradable sea;
3. No reaccionando a la defensiva ante la situación adversa;
4. Manteniendo firme tu intención y tu disciplina de querer cambiar a una energía positiva ante la situación. Antes de actuar o reaccionar te puedes preguntar:

   ¿Cuál es mi intención al querer culpar a _____?
   Qué pienso ganar como beneficio culpando a ___(o resistiendo los hechos)?
   ¿Es que pienso manipular emociones, controlar comportamiento o cambiar los hechos?
   ¿Estoy actuando desde mi ego, identificándome como víctima o heroína de la película, o estoy actuando desde la sabiduría compasiva de mi Maestro Interno, mi Yo Superior?

5. Tomando responsabilidad de modificar tus percepciones, pensamientos, emociones y energía ante la situación difícil. Te puedes preguntar:

   ¿Cómo respondo o percibo con una energía congruente a mi Yo Superior?

6. Cambiando tus viejas percepciones y frecuencia a una frecuencia positiva donde opera una conciencia fundamentada en no juzgar, en fe, optimismo, armonía, comprensión, compasión, amor y paz no obstante la dificultad de las circunstancias que enfrentes.
7. Actuando y reaccionando desde la estabilidad de tu Yo Superior, encontrando las soluciones espirituales desde una conciencia libre de juicio y fundamentada en Comprensión, Compasión, Amor, Paz y Unidad.

Utilizando este método desbloqueamos los patrones negativos que resultan ser obstáculos para vivir una experiencia de la vida más plena, feliz y expansiva. Practicando la aceptación, la no resistencia, y la responsabilidad, nos deshacemos de las percepciones y emociones negativas las cuales bloquean tanto nuestro crecimiento y expansión a nivel material como la salud, la felicidad, el amor y la expansión espiritual hacia nuestra iluminación. Despertando a este estado de conciencia comprendemos que emprender el camino de la transformación es totalmente nuestra responsabilidad y de nadie más. Vemos con claridad la sabiduría de San Francisco de Asís el cual nos recuerda nuestra responsabilidad de dar luz, comprensión, consuelo y amor envés de esperar recibirlos.

Cuando adoptamos con disciplina y contemplación consciente este nuevo patrón ante cada situación o persona difícil, automáticamente ascenderemos a los niveles de energía superiores los cuales corresponden a un estado de conciencia expansivo y donde el poder auténtico de nuestro Ser Superior será evidente en todas nuestras acciones resultando, a su vez, en karmas y frutos positivos.

7

DE LA FRAGMENTACIÓN A UNA CONCIENCIA DE INTEGRIDAD

Ampliando el marco de tu visión, todas las piezas fragmentadas se integran en un hermoso panorama armonioso.

En el mundo de las formas—la realidad relativa donde vivimos nuestra experiencia humana—nos acostumbramos a una realidad fragmentada donde existen comparaciones y distinciones, donde nuestra experiencia de la realidad está quebrada en partes diferenciadas y donde no siempre podemos apreciar la integridad de todas las piezas. Nuestra experiencia del mundo físico está limitada por una observación de una realidad que opera en base a diferencias y dualidades. Por ejemplo, percibimos la realidad en términos de mal/bien, oscuridad/luz, perdida/ganancia, mala suerte/ buena suerte, sufrimiento/ felicidad, amor/odio. Cuando nuestra realidad se comprende únicamente de la realidad física, y de las dualidades del mundo de las formas, limitamos nuestra visión de la realidad, del Universo y de sí mismos. Cuando nos toca vivir situaciones de la vida que definimos como malas, o pensamos tener mala suerte, estamos unidos a una conciencia fragmentada donde nuestra visión limitada de nuestra realidad no abarca la realidad absoluta de la integridad del Universo.

De la misma manera que no somos las etiquetas que nos imponemos a sí mismos, ni que nos impone el mundo externo, las situaciones que enfrentamos no son ni buenas ni malas, simplemente son. Al nivel de la Integridad, más allá de la fragmentación, existe un balance perfecto donde no existe pérdida ni ganancia, donde no existe mal ni bien. Por ejemplo, al nivel de la fragmentación, percibimos que ganarnos la lotería es muy buena suerte y que nos traerá felicidad y bienestar. Sin embargo, talvez no percibimos que también exista la posibilidad de que sea la causa de grandes sufrimientos y desencadenamientos negativos. Y es que a nivel de la integridad, se comprende que de un supuesto "bien" puede surgir un "mal" y de un aparente "mal" un "bien." Cuando nos desapegamos de las etiquetas impuestas por nuestro mundo material fragmentado, nos entregamos sin defensas a la Inteligencia Divina que mueve el Universo. Nos abrimos ante todas las posibilidades que se nos presentan con fe y confianza de que el Universo opera con sincronía precisa y con un orden perfecto dentro del supuesto caos. Y es que, lo que nos aparenta ser caos no es más que un producto de nuestra conciencia limitada y acondicionada por una realidad fragmentada del mundo de las dualidades. Mientras nuestra conciencia se limite a una realidad fragmentada, no experimentamos la abundancia y perfección de la Integridad Universal a nivel personal.

Por ejemplo, si estás pasando por una situación difícil en tu empleo, con mucho estrés, humillación de tu patrón o compañeros, o insatisfacción personal, podrías verlo desde una conciencia limitada donde te quejas de tu mala suerte y te quedas estancado en el sufrimiento por miedo de perder la estabilidad de tu empleo y de tu salario. Pero también puedes ver que la situación es transitoria y que talvez hasta te presenta la oportunidad de liberarte del sufrimiento, cambiando de empleo, o dándote el impulso para cambiar de carrera o hasta de independizarte comenzando tu propia empresa con el potencial de generar ingresos más altos. De esta supuesta "mala" situación podrías expandir a nuevos horizontes que de otra manera talvez no hubieses ni considerado.

Lo mismo puede suceder con una situación aparentemente beneficiosa. Por ejemplo, he visto documentales de personas que se han ganado la lotería, y la "buena suerte" ha resultado en la enemistad y envida de los vecinos y hasta de sus familiares, o en el consumismo excesivo y descontrol económico por pensar que la fortuna duraría para siempre. He visto también algunos casos donde los ganadores eventualmente perdieron toda su fortuna.

Cuando aprendemos a aceptar las situaciones que se nos presentan, sin agregarles calificativos, sin juzgarlas como buenas o malas, tomamos responsabilidad de nuestras reacciones ante cada momento porque adquirimos una visión más amplia de la vida. Con esta nueva visión, entendemos que en realidad no existen perdidas ni ganancias. Podemos apreciar el movimiento de los contenidos de la vida como ondas que inician, llegan a su sima, merman para luego descender y reiniciar su ascenso. Llegamos a este nivel de aceptación cuando comprendemos que la realidad va más allá de las etiquetas y de la dualidad que observamos. En nuestra existencia al nivel material, tendremos experiencias de altas y bajas, porque nada material es permanente. Aceptando la impermanencia de nuestro mundo material aprendemos también a practicar el desapego. Asimilando la verdad de la impermanencia y de los cambios, nos damos cuenta que la mayoría de nuestro sufrimiento es producto de nuestro apego a cosas materiales, situaciones, o personas las cuales no duran para siempre. Esto lo sabemos en teoría, pero en práctica vivimos con la inocencia característica de nuestra inconsciencia humana al nivel individual y colectivo.

La naturaleza nos revela los ciclos perpetuos de movimiento, impermanencia y transformación de la realidad fragmentada. El sol y la luna llevan su ciclo, como también las estaciones del invierno, primavera, verano y otoño. Observamos el ciclo de un árbol cuyas hojas se caen en otoño, dejando las ramas de los arboles desnudas para luego revestirlas en la primavera con todo su esplendor. Vemos que una hermosa rosa se marchita y que la materia orgánica que se desintegra con hedor, sirve de abono para nuevos rosales y otros cultivos que nos alimentan y dan flor. Cuando podemos aceptar y ver la realidad de estos ciclos sin apego, dejamos de sufrir confiando que cada ciclo llega a su inevitable término para dar inicio a un nuevo proceso. Vemos más allá de la realidad relativa de las formas hacia una realidad absoluta. Vemos expansivamente desde un estado de conciencia de Integridad.

Cuando expandimos a una conciencia de Integridad experimentamos la sabiduría del equilibrio del Universo a nivel muy personal. Si observamos con detenimiento, percibimos que cuando pasa algo "malo" o "desagradable" a veces nos decaemos al punto que nos encerramos en un patrón de pensamientos negativos, enfocándonos fijamente en la aflicción. A veces nos sumimos en el sufrimiento pensando que no existe salida, que nuestro mundo personal se ha desboronado por completo. Pero si en esos momentos fuéramos a tomar inventario de todas las situaciones "buenas" o "agradables" que hemos tenido el gran privilegio de experimentar, nos daríamos cuenta que de estos también existen bastante. Cuando tomamos inventario de todas las situaciones que hemos vivido, nos damos cuenta que existe un equilibrio entre los momentos agradables y no tan agradables. Entonces, cuando enfrentamos momentos difíciles, debemos recordarnos que también hemos vivido momentos de placer y de felicidad. Debemos recordarnos que los momentos difíciles son simplemente situaciones, son un contenido más de la vida pero no definen nuestras vidas, ni son la vida. Los momentos difíciles nos ofrecen oportunidades invaluables para reconocer qué en sí provoca nuestras aflicciones, para aprender de ellas, para crecer y talvez hasta para enseñar a otros a navegar las aguas turbulentas de sus propias dificultades.

En el mundo dual, nada es permanente, pero como nada es permanente, tampoco son permanentes los momentos más abrumadores que experimentamos. Nos debemos recordar que estos también pasarán. Cuando aceptamos esta realidad, trascendemos de una conciencia de fragmentación a una de Integridad. Desde este nuevo estado de conciencia expansivo de Integridad nos mantenemos centrados al apreciar que, al nivel de la existencia material en que vivimos, no se puede experimentar la felicidad sin también haber vivido momentos amargos de tristeza. No podemos apreciar la luz sin que exista la oscuridad, ni el alivio de la paz sin experimentar la intranquilidad y la angustia. No podemos apreciar plenamente el regalo milagroso de la vida en nuestra encarnación material humana sin reconocer y aceptar la impermanencia de esta experiencia y de nuestra eventual e inevitable desintegración material. Tampoco existiría transcendencia a una conciencia iluminada si no existiese la oscuridad de la inconsciencia.

El símbolo Chino del Yin-Yang es el ejemplo gráfico perfecto de la fragmentación y la integridad. En la cultura China se reconoce que cuando una situación se desarrolla a su extremo, indudablemente llega a su punto de retorno, transformándose en su expresión contraria. La realidad es integridad, unidad o totalidad la cual llaman el Tao. El Tao es el orden de la naturaleza y del Universo. El diagrama del Yin-Yang es simétrico pero no estático. Simboliza una fuerza rotativa de un movimiento cíclico continuo. Dividido en claridad y oscuridad, simboliza dos polos contrarios y cada polo contiene un punto del color contrario lo cual simboliza que cada polo ya contiene en sí la semilla del polo opuesto. Esto significa que el flujo natural es que cuando ambas fuerzas llegan a su máxima expresión, el ciclo termina dando inicio a la expresión de la fuerza contraria. Este ciclo continua perpetuamente en la realidad relativa del mundo de las formas, la realidad fragmentada. Limitar nuestra visión de la realidad a solo un polo es no aceptar el movimiento del Universo y limitarse a una prisión donde nuestra realidad es solo una sombra de la verdad, la cual resulta en sufrimiento. Comprender el Tao es expandir nuestra conciencia hacia la realidad de la Integridad. En este estado de conciencia vemos la verdad—tocamos la realidad profunda y fluimos al ritmo armonioso de la Inteligencia Divina del Cosmos.

Cuando aceptamos la impermanencia del mundo material y de nuestras experiencias, también aceptamos que los momentos placenteros son transitorios. Reconocer y aceptar la impermanencia no significa que los momentos agradables pierden su valor o que tengamos que sufrir al reconocerlo. Por lo contrario, despertar a la realidad profunda de la Integridad Universal contribuye a que saboreemos con más entrega y presencia la magia única de cada experiencia que vivimos. Cuando trascendemos de una visión fragmentada a una conciencia de Integridad, mantenemos un equilibrio que nos permite observar con ecuanimidad todas nuestras experiencias personales y las situaciones de nuestro entorno. Esto permite una profundidad de visión a nivel espiritual que influye todos los aspectos de nuestras vidas en una manera holística que incluye nuestro cuerpo, mente, espíritu, relaciones personales y de negocio, nuestra visión social y política. Nos permite ver más objetivamente la naturaleza del mundo material, del mundo fragmentado de la dualidad donde todo lo que sube, baja, y viceversa. Aceptando este fenómeno observamos los ciclos y las diferentes etapas que se presentan a nivel personal y colectivo sin juicio y sin apego entendiendo que los cambios son parte del movimiento natural y de la transformación perpetua de la experiencia humana.

A la vez que aceptamos con desapego la fragmentación que experimentamos al nivel material y que expandimos a una conciencia de Integridad más allá de la fragmentación, nos abrimos a una existencia humana más viva e intensa. Con este nuevo estado de conciencia comprendemos que no debemos tomar ninguna experiencia por desapercibida, pero tampoco debemos identificarnos por completo con ninguna experiencia, porque todas son impermanentes. Vivimos más profundamente y contemplamos con más atención, gratitud y entrega a nuestros seres queridos y a los momentos de regocijo porque sabemos que estos también son efímeros y por lo tanto cada uno es un tesoro.

Cuando despertamos ante esta realidad y la aceptamos plenamente y con responsabilidad, podemos caminar en el mundo de la dualidad sin andar con miedo ni a la defensiva en lo que antes percibíamos como un mundo cruel, injusto o de azares caprichosos. Despertar ante la realidad absoluta de la Integridad, y más allá del mundo fragmentado, es liberarnos del sufrimiento y de la prisión de una visión limitada donde se percibe solo una dimensión de la Verdad. Nuestra conciencia se despierta ante la realidad absoluta que el sufrimiento y la felicidad no son en sí "dos" sino una Unidad. En este estado expansivo tocamos nuestra verdadera esencia; somos más auténticamente quienes verdaderamente somos—observadores despiertos alineados a la conciencia integrada universal la cual es la fuente Infinita de Inteligencia Divina, de la Verdad y la Unidad.

Unidos a un estado de conciencia de Integridad nos reconectamos con el estado profundo y absoluto de la verdadera paz y felicidad, un estado de conciencia que es permanente; Es reconectarnos con nuestra verdadera esencia a nivel espiritual, un estado de Unidad o Integridad Universal que sí es permanente e infinita. Cuando operamos desde este estado expansivo, nos mantenemos centrados en la quietud sagaz de nuestro Ser Superior caracterizado por una estabilidad equilibrada, un estado de ecuanimidad, de calma, confianza y de entrega, hasta bajo las turbulencias más fuertes que nos sacuden a lo largo de nuestro viaje transitorio por esta existencia. A la misma vez nuestros momentos hermosos, por más pequeños que sean, los vivimos con la delicia e intensidad impetuosa de un eterno enamorado de la vida.

Alineados al estado de conciencia de Integridad recibimos todos los momentos que se nos presenten en el mundo de dualidades sin atarnos ni identificaros con ellos. Vivimos cada experiencia sin sentir aversión ni apego a ninguna. Comprendiendo que nada es permanente ni nos pertenece en esta vida, disfrutamos los placeres del mundo material sin apego pero con gratitud por el turno que se nos brinda en cada instante para deleitarnos en ellos. Llegamos al punto que no nos importa lo que suceda porque reconocemos que ninguna situación nos pertenece ni nos define por desagradable o placentera que sea. Deja de ser importante lo que transcurre y cobra mayor importancia nuestra reacción ante todo lo que sucede al igual que nuestra elección sea de sufrir o no. Viajamos por la vida con la tranquilidad y equilibrio de los sabios y sonreímos ante la vida con la media sonrisa sagaz de un iluminado.

EL LAGO Y SUS NEUNÚFARES

Los vecinos del lago se quejaban de la vegetación de nenúfares (lirios acuáticos) que iba en aumento en el lago cada verano. Decían que el lago se volvería un pantano si no le dábamos atención inmediata al problema. Las plantas acuáticas crecían en un pequeño área y bordeaban algunas secciones de las orillas del lago, pero lo que ellos percibían como maleza o problema era la expresión perfecta de la naturaleza. Cada elemento tiene su función demostrando un orden perfecto. Las hojas que cada otoño han caído de los árboles han ido nutriendo anualmente al lago. La tendencia de la tierra es reclamar su terreno a la vez que generar vida. Es por eso que los nenúfares o lirios acuáticos crecen a las orillas, echando raíz en la tierra donde el lago es menos profundo. A su vez, los nenúfares dan sombra al agua para mantenerla fresca en el verano y así evitar la producción de bacterias y algas tóxicas para los humanos y los animales. Los lirios acuáticos atraen insectos que se aposan en sus hojas verdes y flores blancas donde las ranas y los pájaros se arriman para alimentarse de ellos. El lago y su entorno son un ecosistema activo de flora y fauna, el ejemplo perfecto de los principios universales del dar y el recibir en plena función. Todo refleja un orden perfecto dentro del aparente caos.

Cuando navego hacia el centro del lago no hay plantas acuáticas porque ahí el agua es más profunda. Desde el centro sereno del lago, viendo el panorama completo del entorno, no se distingue la vegetación acuática que tanto molestaba a la orilla del muelle y de las propiedades de los vecinos. Más bien, se ve la sutil oleada del lago donde las chispas de sol rebotan con alegría. El hermoso balance perfecto de lirios acuáticos le brinda al lago un realce mágico, y los pinos y árboles frondosos se reflejan en el espejo luminoso del lago. Se escucha el cantar de los pájaros y de las ranas, y en ocasión el repentino salto de peces en el agua. No existe maleza ni caos desde el centro del lago, sino serenidad, belleza y armonía. Desde ahí se absorbe la integridad del lago y su entorno, sabio en su desorden, hermoso y perfecto en su imperfección. Cada elemento del entorno aporta un tono artístico al lienzo y un acorde impecable a la musicalidad armoniosa de ese encantador lugar. Es un verdadero despliegue inagotable de Amor *(vea foto del lago y sus nenúfares en la portada trasera)*.

Si nos mantenemos únicamente observando y navegando la orilla del lago nos atascamos en los ramajes de los nenúfares causando sufrimiento. Desde ahí la realidad es solo la superficie, no se ve el panorama completo ni se disfruta del lago. Sin embargo, navegando más allá de la orilla, remamos sin esfuerzo en la profundidad del lago, observamos de lejos y sin apego, vemos más expansivamente, vemos lo que antes no se podía apreciar desde un punto o una perspectiva limitada, transformamos nuestra realidad por completo y dejamos de sufrir.

Debemos ampliar el marco de nuestra visión para abarcar el panorama completo. De esa manera apreciamos que todo tiene su belleza y su orden implícito cuando vemos con el alma y con una conciencia de Integridad. Sin apego a querer la vista perfecta desde nuestra orilla personal (ego/ conciencia fragmentada) vemos ecuánimemente, disfrutando plenamente la perfección del lago completo y su entorno como Unidad. Desde este estado de conciencia de Integridad extendemos nuestro muelle hasta las aguas más profundas del centro de nuestro lago. Desde la profundidad del centro navegamos el lago sereno de nuestro espíritu, de nuestro verdadero Ser.

8

EL PRESENTE ES UN REGALO

"Si estás deprimido estás viviendo en el pasado. Si estás ansioso estás viviendo en el futuro. Si estás viviendo en paz estás viviendo en el presente." ~ Lao Tzu

El presente es la única dimensión absoluta o eterna que existe. Todo el contenido de nuestras vidas se desarrolla en la dimensión del presente. Todo se desenvuelve Ahora. Hoy es solo un eterno día. La dimensión del pasado y del futuro son conceptos que existen solo en nuestra mente, son conceptos de nuestra imaginación. Cuando viajamos al pasado o al futuro lo hacemos con nuestro pensamiento, y cada vez que lo hacemos es siempre ahora, en el presente.

Liberación de la prisión del pasado y del futuro se encuentra en el presente cuando practicamos la aceptación y empleamos la contemplación consciente para mantenernos en un estado de presencia consciente. Esta distinción es importante ya que a veces se puede estar resistiendo el contenido de nuestro presente causándonos sufrimiento. Para realmente encontrar pleno sosiego y liberación del sufrimiento en el presente es entonces importante practicar aceptación y contemplación consciente.

CONTEMPLACIÓN CONSCIENTE Y PRESENCIA

Practicando la contemplación consciente en el momento presente nos liberamos de los fantasmas del pasado y del futuro que invaden nuestra mente, los cuales provocan sufrimiento y ansiedad de lo que alguna vez fue y no es, y de lo que todavía no ha sido. Ahora es la única dimensión que existe y todos los momentos vividos los hemos vivido en el presente.

Cuando viajas por medio de tu mente al pasado o al futuro, te niegas el regalo del presente. Evadir el presente es como caminar sonámbulo por la vida, pasando los momentos preciosos del ahora sin vivirlos profundamente; tu cuerpo deambula por la vida como autómata con la mente soñando despierta, acondicionada por tu pasado. Tu turno para vivir esta experiencia de este mundo de la formas es impermanente, por lo tanto, cuando resistes o evades el momento presente estás rechazando el regalo más preciado que se te ha brindado. Es rechazar la vida misma.

Conozco a una persona que atraviesa una enfermedad cardiaca crónica y después de ciertas intervenciones médicas está en espera de un trasplante de corazón. Esta persona me explicó que antes de su diagnóstico él vivía la vida agitado, preocupándose por las situaciones difíciles que se presentaban. A veces demostraba impaciencia y frustración cuando lo ponían a esperar y trabajaba demasiado. Después de su diagnóstico médico todo cambió. Esta persona despertó a un nuevo estado de conciencia donde cada momento del presente es un regalo. Él dijo reconocer que lo que antes le incomodaba ya no le incomoda. Ahora entiende que el presente es un tesoro preciado, el único momento que existe y lo está viviendo profundamente, plenamente y con regocijo. Ahora él se maravilla de los momentos de impaciencia y frustración que vivía antes de su diagnóstico, desperdiciando el presente pensando en situaciones por las cuales realmente no valían la pena sufrir ansiedad o preocupación. Ahora él lleva la vida con más calma y vive con más felicidad por cada momento que la vida le regala. Se sonríe cuando observa el movimiento frenético de las personas en la ciudad, la ansiedad y frustración de los choferes por el embotellamiento llegando a casa, la obsesión por el trabajo y el dinero, y de las quejas por pequeñeces dentro del gran esquema de la vida. Él acepta plenamente que su existencia no está garantizada, sin embargo, no se queja de su enfermedad, no se siente víctima ni tiene miedo. Emana un gran optimismo, una energía altamente positiva y una gran paz interna lo cual es inspirador.

Es muy común que personas que atraviesan un momento difícil de enfermedad crónica o que tengan que repentinamente enfrentar su mortalidad despierten a una conciencia donde el presente cobra nueva prioridad. Se vive cada momento del presente como si fuese el primero y el último. Algunas personas también buscan consciente e inconscientemente experimentar la profundidad del momento presente con actividades altamente riesgosas como por ejemplo practicando paracaidismo o piloteando autos de carreras, entre otros. Estos y otras actividades riesgosas requieren una atención profunda del momento presente donde cualquier inatención o descuido de la mente podría provocar un accidente y hasta la muerte. En este estado se vive una dimensión más vibrante del momento agregando una intensidad no replicada bajo actividades cotidianas. Sin embargo, esta sensación no es tan solo un producto de una descarga de adrenalina sino un efecto de la intensidad de estar completamente entregados al presente sin que más nada ocupe la mente, lo cual resulta en una apertura a la dimensión del Ser más allá de los pensamientos y del ego. Otros lo buscan con actividades que requieren una entrega y una atención dedicada y detallista como lo son la pintura, tocar un instrumento, o pescar en la tranquilidad de un lago por nombrar algunos. Ahora bien, no debemos solamente buscar ciertas actividades que nos infundan con este sentido de presencia ni esperar que pase una circunstancia difícil, como una enfermedad crónica o enfrentar nuestra inminente mortalidad. Podemos entregarnos y vivir el momento presente profundamente en este mismo momento con cada respiración... ahora.

Es muy fácil dejarse llevar por la corriente de los pensamientos, las preocupaciones y las situaciones difíciles. Talvez algunos piensan que les sería más fácil fuera de la rutina diaria del trabajo, los pagos y los deberes, por ejemplo, sentados frente a una playa de una isla desierta o en la serenidad de las montañas. Entiendo perfectamente. Mientras trabajaba en este libro se me presentaron ciertos eventos simultáneos: la mudanza inminente de mi oficina, actividad de casos pendientes y de nuevos clientes mientras organizaba la transición a la nueva oficina, todavía quedaba pendiente contratar quien se encargaría de las reparaciones del nuevo lugar, necesitaba coordinar la transferencia de utilidades para no irrumpir mi trabajo en los nuevos casos, de repente recibí una llamada del exterior de una situación inesperada a la cual debía dedicar atención inmediata, recibí llamadas insistentes de un cliente fuera del estado que necesitaba mi inmediata asistencia para proceder con el cierre de su nueva vivienda, quedaba pendiente coordinar unos arreglos a mi casa, en fin, la lista era larga y todavía debía terminar este libro.

En cada momento que sentía que podría comenzar la ansiedad me concentraba en mi respiración y dejaba ir la emoción y los pensamientos. Aquietaba la mente por medio del silencio y la meditación, luego trabajaba únicamente en lo que procedía en el momento, completamente entregada al presente sin pensar en mañana o pasado, solo en la tarea del momento. Tenía la plena confianza de que todo se desenvolvería perfectamente manteniéndome centrada en la quietud de mi espacio interno, contemplando conscientemente el momento presente.

Es imposible hacer todo de un solo. A veces pensamos que somos más eficientes cuando trabajamos en multitareas, pero cuando se trata de poner atención en todo a la vez, se hacen las cosas a medias y te provocas ansiedad innecesaria. Evaluando bien, solo se puede atender una cosa a la vez y cada cosa cuando corresponde. Por ejemplo, si un sábado a las 2am no puedes dormir pensando resolver una situación de tu trabajo, no hay nada que puedas ejecutar en ese momento preciso hasta que vuelvas a tu oficina el lunes. Pensar en lo que no procede en el momento es escaparte del momento presente.

Puedes practicar volver a la conciencia del momento presente (presencia) en cada instante que se escape tu mente al pasado o al futuro, o cuando sientas una emoción fuerte que te saque de la aceptación de los eventos del presente. En cualquier momento que te invada una avalancha de situaciones y pensamientos que te distraigan del ahora, detente, respira y contempla conscientemente el momento presente. Simplemente con el hecho de parar, respirar y reconocer que no estas presente, vuelves al estado de presencia consciente. Puedes cultivar presencia a diario con cada tarea del día, con los quehaceres del hogar, las tareas de tu empleo, con las conversaciones e interacciones diarias y mientras haces las compras. Por ejemplo, esto significa que si estás cenando, estás brindando atención a lo que consumes y a las personas con quien compartes, no pensando en lo que tienes que hacer mañana o en qué programa de televisión te espera después de tu cena. Si estás lavando los platos, de igual manera te entregas a ese momento como lo más importante y lo único que existe en ese momento, lo haces con cuidado, sin apresurarte por querer terminar para comenzar otra tarea. Si estás en tu trabajo emprendes tu labor con entrega y presencia en cada cual de tus deberes sin anticipar tu hora de almuerzo o la hora de salida.

Cuando brindas tu presencia a lo que haces te entregas por completo y regalas tu energía y la parta más íntegra de tu Ser a todo lo que te dediques. Dedicado con presencia a lo que amas se esfuma el tiempo, entras en la dimensión atemporal del presente. Cuando brindas tu presencia a tus seres queridos, a tus clientes, a los co-participantes de tu vida, estás comunicándote en el idioma de tu Ser Superior. Te conectas al nivel más íntimo y a la vez más expansivo y puro de lo que nos une a todos al nivel espiritual y Universal. A ese nivel de presencia te reconoces a ti mismo en los demás, y los demás en ti. Cuando despiertas a este estado de conciencia te deleitas en cada momento, todo luce y se siente más vivo porque tienes toda tu atención completamente entregada al momento y a los que lo comparten contigo. Agradeces el privilegio de cada experiencia vivida por simple que sea. Vivir con tu conciencia en el presente es una experiencia única donde te reconectas con el océano profundo de tu alma el cual refleja el océano expansivo del Universo.

PRESENCIA Y EL YO SUPERIOR

Combinando la presencia (conciencia del momento presente) con el silencio y la quietud, nos realineamos con nuestro Yo Superior y la fuente de la Inteligencia Divina. Esta es la fórmula para retornar a casa, a tu refugio interno donde encuentras paz, felicidad y libertad—libertad de las cadenas del pasado y del futuro. Tomando presencia en tu Yo Superior te liberas de los lastres del pasado, como lo son remordimientos o rencores del pasado que te atrapan, y te liberas de la ansiedad ante la incertidumbre del futuro y de tu resistencia ante el momento presente. Con la ayuda de la contemplación consciente concentrado en mantenerte presente, te conviertes en el observador más allá del ego. En este estado de presencia acoges cada situación que se desenvuelve en tu vida con aceptación, sin resistencia y con responsabilidad en el presente. No aceptar el contenido del presente es pelear con lo que es y con todo el Universo.

Es en la presencia donde entras al espacio de conciencia despierta de tu verdadero Ser o esencia. Ahí entras a la fuente de creatividad, de todas las posibilidades y de la abundancia del mismo universo que existe en ti y en cada uno de nosotros, lo cual nos une a todos. De hecho, se describe en la física cuántica que somos un holograma del universo como nos vislumbran las conclusiones de los experimentos del físico David Bohm. Un holograma es una imagen óptica tridimensional cuyo efecto es creado utilizando una placa fotográfica y el tratamiento de la luz aplicada en diferentes planos. El uso del holograma se ve hoy comúnmente en espectáculos donde se recrean las imágenes de artistas ya fallecidos para materializarlos y traerlos nuevamente a los escenarios. En un holograma cada parte de la imagen contiene la totalidad de la imagen. El paradigma holográfico descrito por Bohm indica que todo en el universo está conectado con todo lo demás incluyendo nuestra mente humana.[4] Las investigaciones científicas sobre el tema de la conciencia van en aumento y numerosos experimentos científicos nos revelan, por medio de análisis matemáticos altamente sofisticados, que nuestros cerebros pueden captar patrones de frecuencias en otras dimensiones y más allá del espacio-tiempo. Significa que somos co-creadores de una realidad que depende del ángulo de nuestra percepción, y de hecho, significa que tenemos la capacidad de reflejar en nuestro mundo el mismo orden de una realidad mucho más profunda, una realidad más allá de nuestra visión limitada y fragmentada de la realidad.[5] Esto indica entonces que, tal y como un holograma, la mente individual tiene la capacidad de reflejar el universo completo, si nos alineamos a una conciencia de integridad lo cual es una realidad que nos brinda una existencia de totalidad o unidad con el Universo.[6]

Una vez más vemos que las conclusiones de los estudios de la física cuántica complementan la realidad profunda y absoluta de Unidad/Integridad que describen los místicos y de la cual abundamos anteriormente con respecto al tema de la fragmentación y de la expansión a una Conciencia de Integridad. El paradigma holográfico de David Bohm refleja también el campo de infinita abundancia, de la Inteligencia Divina y fuente de la creación de la cual provenimos todos. Si nuestra mente individual tiene la capacidad de reflejar el universo completo, esto explica perfectamente el mecanismo bajo lo cual, conectados a la frecuencia del campo de unidad, podemos manifestar todos nuestros deseos con el poder de nuestra intención, accediendo así la abundancia del mismo Universo y reflejándola en nuestras vidas al nivel individual.

Solamente conscientes en el momento presente es que podemos acceder el campo de infinita posibilidad y Conciencia Pura (Conciencia Infinita). Es consciente y despiertos en el presente donde tomamos responsabilidad de alinearnos con la frecuencia del poder auténtico de nuestro espíritu en vez de con la fuerza falsa del ego. El corazón de nuestro poder auténtico es nuestro Ser Superior, la Fuente Divina, o Dios, nuestra verdadera esencia la cual mora en nosotros. Cuando nos reconectamos con nuestro Maestro Interno, nuestro poder auténtico se manifiesta por medio de nuestras acciones y de nuestro movimiento espiritual en el mundo de las formas. Al nivel del poder auténtico de nuestro Yo Superior vivimos una humanidad consciente, tomando decisiones despiertas fundamentadas en las frecuencias de conciencia más elevadas que incluyen la comprensión, la compasión, el amor y la paz. La fuerza, el poder falso del ego, se desarrolla en el mundo impermanente de las formas. Encadenados por el ego es donde caemos en la prisión y en el sufrimiento de la inconsciencia humana, un estado de inconsciencia donde se actúa en base a satisfacer los deseos inagotables del ego. La inconsciencia humana es un estado de inocencia donde se ignora tanto la grandeza y la sabiduría de nuestro Ser como la llave a la verdadera Libertad.

Es en el estado de presencia donde practicamos la aceptación, la no resistencia y la responsabilidad, de lo cual abundamos en el capítulo de la Aceptación y Responsabilidad. En este estado de presencia consciente también practicamos el estado más allá del perdón donde nos desprendemos de emociones y pensamientos negativos y de patrones acondicionados por el pasado los cuales obstaculizan nuestro crecimiento espiritual y nuestra calidad de vida.

CONCIENCIA DEL MOMENTO PRESENTE: EL ENEMIGO DEL EGO

El ego existe en la dimensión horizontal del tiempo en la realidad del mundo material de los cinco sentidos. La dimensión horizontal es donde existe pasado y futuro; es el mundo de las divisiones del tiempo que hemos creado para facilitar nuestro desenvolvimiento en el mundo de las formas. Por ejemplo, son las divisiones de minutos, horas, días, meses, años; es el tiempo del reloj y del calendario donde existe ayer y mañana.

El Yo Superior, Conciencia Pura, Campo de Infinita Posibilidad o Espíritu, mora en la profundidad de la dimensión vertical que accedemos únicamente en el presente el cual es atemporal. El presente es la única dimensión donde puedes experimentar la esencia de tu verdadero Ser. Es la dimensión que siempre ha sido y será porque es infinita y eterna.

El ego es enemigo del presente. El ego resiste el presente porque en el presente el ego no tiene poder ni puede existir. El ego solo existe, se nutre y se fortalece de los apegos a la impermanencia del mundo material donde existe el tiempo y el espacio físico. El ego se nutre quejándose y resistiendo las condiciones y el contenido del presente.

El presente es la dimensión donde puedes acceder el espacio interno donde se te revela tu verdadera esencia, la conciencia despierta de tu Yo Superior el cual siempre ha sido y será. Ahí reside el observador silente que observa sin juicio al ego y a todo lo que transcurre en el mundo de las formas. Manteniéndote firmemente centrado en el presente con una conciencia despierta, tu ego pierde su fuerza y se va desintegrando.

Podríamos comparar ambas dimensiones con el océano. La superficie del océano es la dimensión horizontal donde se desarrolla el ego. La superficie del océano es cambiante con marea alta y baja durante un solo día y oleaje que varía de acuerdo al tiempo y la temporada. Esta superficie es una perfecta metáfora del mundo de las formas y del movimiento horizontal de nuestra experiencia humana donde existe el tiempo, ayer y mañana, pasado y futuro.

La profundidad del océano se podría comparar con la dimensión vertical donde reside el espíritu o Yo Superior. En la profundidad del océano existe tranquilidad y silencio, no se presencian ni las olas más tumultuosas ni lo que transcurre a nivel de la superficie.

OCÉANO

EGO

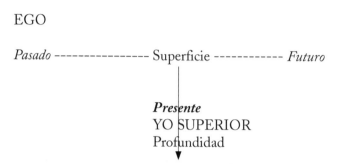

Pasado ---------------- Superficie ------------ *Futuro*

Presente
YO SUPERIOR
Profundidad

Nuestra experiencia humana se comprende de las dos dimensiones. Si navegamos la vida únicamente en la superficie desconociendo la profundidad del océano, nos estaríamos limitando a solo vivir una dimensión de la realidad. Nos pasaríamos la vida dando tumbos por las fuertes olas, tal y como un barco a la deriva a punto de naufragar. Estaríamos siempre esperando ansiosamente que pasen las malas temporadas para disfrutar de aguas más mansas por venir o talvez añorando regresar a viejos puertos ya visitados en nuestro largo viaje. Talvez sentiríamos también angustia y remordimiento por no haber emprendido una ruta alterna para evitar la tormenta. Sin embargo, es posible experimentar tanto la superficie como la profundidad del majestuoso océano de la vida. Expandiendo a una conciencia que abarque la profundidad del océano, estaremos encontrando la calma bajo la más fuerte tormenta, la morada de nuestro Maestro Interno o Yo Superior...Ahora.

Algunos le llaman a la profundidad de este espacio despierto y silente el Cristo Interno o el estado de Buda. La palabra Buda no describe a una persona sino a un estado de conciencia de iluminación. En Sánscrito Buda significa un estado de tranquilidad mental, un estado de despertar espiritual o iluminación. Siddhartha Gautama (490/450-410/370 BCE) transcendió a un estado de iluminación espiritual, y por ende se conoce como Buda o El Iluminado. El Dr. Hawkins en su "Mapa de Conciencia" mide la calibración de energía de Cristo y Buda a 1000, el estado de conciencia de más alta calibración de frecuencia energética que se ha medido en nuestra experiencia humana hasta ahora.[7]

En ese espacio de presencia consciente nada hace falta, eres completo. Ahí todo se revela y se ilumina como nunca antes, es donde sentimos la unión entre uno y todo lo demás. La fórmula para experimentar este estado pleno de conciencia es presencia, silencio y quietud. En el Sutra (enseñanza), Conociendo la Mejor Manera de Vivir Solos, el Buda describe, no la soledad o la separación de los demás, sino se refiere a vivir libres de los fantasmas del pasado y del futuro, se refiere a vivir solos con la claridad despierta que proviene de la presencia, la observación profunda del momento presente, sin deseos ni apegos al pasado o futuro.[8]

Personalmente viví un dicho momento de claridad o Satori lo cual significa en Sánscrito un destello de iluminación. Estaba observando profundamente la naturaleza en el patio de mis padres en República Dominicana sin agregar ninguna descripción, ningún calificativo a lo que observaba, simplemente vivía plenamente el momento presente. Todo lucia y se sentía más vivo que nunca—el movimiento de las hojas del árbol de mango, la caricia de la brisa cálida en mi piel, el aleteo colorido de las mariposas. Me sentía agradecida de la serenidad y el reposo profundo disponible en mi espacio preferido de reflexión. En ese momento tomo el Sutra del Buda y, leyendo sus palabras, tengo la iluminante revelación que en ese momento no siento ningún deseo, sin embargo me sentía plena. ¡Todo lo que necesitaba en ese momento estaba ahí conmigo…Ahora! Estaba en un estado de presencia alerta, un estado de conciencia despierta aún antes no sentido por mí. Sentía regocijo en el momento y me sentía plena en mi soledad. El Buda, con su enseñanza de hace más de 2000 años, estaba conversando íntimamente conmigo, describiendo mi actual y recientemente descubierto estado de reposo, paz interna y viveza. Me sentía completamente desatada del pasado y del futuro. Solo existía ese momento. Ese fue mi primer destello de la Libertad…y sonreí.

VIENDO TU REFLEJO EN EL TODO

Cuando consigues penetrar a un estado intenso de presencia consciente mediante la observación profunda, sientes la viveza de tu verdadero Ser, o Conciencia Pura. A la misma vez que penetras y tocas la amplitud de tu verdadera esencia interna comienzas a verte reflejada en el todo. A ese nivel se ve y se siente muy palpablemente la conexión íntima y a la vez expansiva entre uno y la totalidad. Es algo que se conoce únicamente viviendo la experiencia. Esta experiencia es posible cuando te conectas íntimamente con el universo, uniéndote con lo que es más expansivo que tú. Esto se equipara a una relación entre un amado y su amante, donde uno se funde en el otro ambos convirtiéndose en Uno. Es como el azul del mar profundo y el cielo infinito los cuales se unen a la distancia en el horizonte, nublando donde uno nace y el otro expira. Es una relación equivalente a un círculo donde no hay comienzo ni final entre uno y el otro.

Esta experiencia la puedes cultivar observando profundamente la belleza de la naturaleza. Hablamos de la comunión con la naturaleza en el segundo capítulo como herramienta para penetrar en el silencio, calmar la mente y reconectarnos con nuestra verdadera esencia. En esta ocasión hablo de lo que brevemente mencioné al finalizar aquel capítulo, pero aquí hablo de una comunión mucho más profunda con la naturaleza donde se revela que estás íntimamente conectado con algo mucho más vasto y perfecto, con la Totalidad o la Sinfonía Divina del Universo.

UNA NOCHE ESTRELLADA

A lo largo de mi viaje interno personal se han ido expandiendo estas experiencias de comunión profunda y de relación íntima con la Totalidad. Sin embargo, nunca me olvidaré de la primera vez que tuve esa alucínate experiencia. Estaba en Nicaragua en una pequeña isla poco conocida en el lago Cocibolca. Cuando cayó la noche, salí con mi padre a disfrutar la brisa nocturna y el silencio de la noche. Era una noche muy oscura y al estar demasiado lejos de la costa pueblerina no se apreciaba ninguna luz más allá de la isla.

Miré al cielo negro azabache repleto de estrellas llenas, redondas y voluptuosas, eran orbes luminosas con halos resplandecientes. Me recordó a la Noche Estrellada de Van Gogh (1889) donde la oscuridad y quietud de la noche del pequeño pueblo contrasta con el fulgor y el movimiento ondulante del firmamento.[9] Hasta entonces no había captado profundamente la viveza significativa de esa obra. Mi padre y yo estábamos fascinados; jamás habíamos presenciado un cielo estrellado así.

Mirando al cielo me deslumbré al percibir mi infinitesimal pequeñez. Estaba asombrada. Me sentía tan pequeñita comparativamente con la amplitud del cosmos vivo y dinámico pero a la vez me sentía grandiosa por ser parte del universo entero. Estaba completamente alucinada por esa sensibilidad, nunca antes palpada por mí, de reconocer mi lugar en el universo y de sentirme dichosa de Ser y de haber podido experimentar ese momento revelador. Me sentí dichosa de compartir ese momento con mi padre y agradecida de sentir nuestra conexión con todo el universo. Esa conexión impactante fue tan profunda y palpable que mis ojos brillaban humedecidos con gratitud y felicidad.

CONEXIÓN CON LA TOTALIDAD Y EL DHARMA

Cuando presencias tu conexión con la totalidad puedes palpar que el universo se comunica y piensa a través de ti. A partir de ese momento comienzas a transformar tu realidad, una vez más complementando el paradigma holográfico que describe Bohm. A este nivel de conciencia reconoces que eres en sí un vehículo del universo manifestando el campo de unidad en tu mundo material. Cuando expandes tu conciencia a este estado, ves claramente la importancia de alinearte a la fuente divina, de escoger conscientemente, liberándote de decisiones del ego y de karmas negativos. Cuando te alineas a la Totalidad, participando de lleno en una relación íntima con la Inteligencia Universal, tus acciones se ejecutan alineadas a tu Dharma o propósito en la vida. Significa que, a este nivel, estas alineada a tu Yo Superior donde tus deseos y decisiones son las mismas del universo. Te comunicas con el universo, te entregas a la Inteligencia Divina del universo y el universo te responde. A este nivel tu guía en la vida es tu espíritu—tu Ser Superior, Inteligencia Divina, Conciencia Pura o Dios.

RESPIRACIÓN, CONTEMPLACIÓN CONSCIENTE Y EL MOMENTO PRESENTE

La mejor herramienta para acceder el regalo del presente y mantenerte en contemplación consciente es la respiración. Cuando te concentras en observar la respiración es casi imposible salirse del presente y de un estado de contemplación consciente (presencia). Podemos utilizar la respiración como un mantra. Mantra en Sánscrito significa un instrumento para guiar a uno hacia el espacio de conciencia pura más allá de nuestro pensamiento. Por medio de la respiración encuentras alivio y unes tu mente, cuerpo y espíritu. Cuando encuentras el espacio silente entre cada inhalación y exhalación, te centras en tu verdadero Ser. Este es el trasfondo de tu conciencia pura más allá de las etiquetas y de tu ego. Accediendo este espacio te liberas de toda tensión, te desprendes del ayer y del mañana y te despiertas en el preciado momento presente.

EJERCICIO

RESPIRACIÓN Y CONTEMPLACIÓN CONSCIENTE DEL MOMENTO PRESENTE

La respiración es nuestra mejor herramienta para centrarnos, tranquilizarnos y guiarnos hacia la contemplación consciente. Este ejercicio utiliza la respiración como vehículo para penetrar en el océano profundo del presente donde mora tu verdadera esencia.

Acomódate sentándote en un espacio silencioso. Cierra los ojos y respira por tu nariz naturalmente sin alterar la profundidad de tu respiración. Coloca tus manos encima de tus piernas con las palmas abiertas hacia arriba. Tranquiliza tu cuerpo liberando cualquier tensión. Observa tu respiración entrando y saliendo de tu cuerpo. Observa el sonido de tu respiración cuando inhalas y exhalas. Observa que mientras vas respirando y tranquilizando tu cuerpo, tu respiración se va profundizando y tranquilizando más y más. Cuando los pensamientos invadan tu mente no los juzgues, déjalos que se disipen y vuelve a observar tu respiración. Observa que entre más te concentras en tu respiración, más se alarga el espacio entre cada inhalación y exhalación. Mientras más observas tu respiración, tu mente y tu cuerpo se irán aquietando. Observarás que tu cuerpo y tu mente se van sintiendo más livianos. Sentirás el alivio de una paz interna profunda. En algunas ocasiones podrás observar la viveza en algunas partes de tu cuerpo, como un hormigueo o un calor, en tu pecho o las manos, o talvez en todo tu cuerpo.

Puedes comenzar a practicar este ejercicio a diario por 10 minutos y luego ir alargando los minutos de tu práctica. Esto te ayudará a centrarte en tu espacio interno y a la vez penetrarás a tu conexión con la Totalidad o el campo de Conciencia de Unidad que nos une a todos. Penetrando a la quietud silente entre cada inhalación y exhalación, y observando la brecha entre cada pensamiento, reconocerás el trasfondo de tu conciencia pura, la cual es tu esencia y el reflejo de tu origen; por medio del objeto (tú) conoces al sujeto (la Inteligencia Divina/Dios); se revela la conexión íntima entre el amado y el amante.

Presenciando este espacio de paz interna estás plenamente en el presente, libre de las ataduras del pasado y del futuro. En las tareas de tu vida diaria sabrás reconectarte a menudo a este mismo espacio interno donde reside tu verdadera esencia. Cada vez que te observes escapando o evadiendo el momento presente, concéntrate en tu respiración y así retornarás al único momento que existe, el Ahora, y a la sabiduría interna de tu Maestro Interno el cual guiará tus acciones y tu propósito alineándolos con la armonía de la Sinfonía Divina.

¿SI NO AHORA, CUANDO?

El Presente te ofrece un sinfín de innumerables comienzos. Te ofrece el obsequio preciado del renacer en cada instante, la oportunidad de escoger en cada momento como por primera vez. Hoy es solo un día. Por lo tanto, nunca es ni muy prematuro ni muy tardío para enmendar, para despertar, para desprenderte de emociones infructuosas, y para cultivar la contemplación consciente de intenciones que contribuyan a transformaciones evolutivas. El presente es un regalo, es el portal al océano profundo de tu Ser el cual, tal y como el espejo azul profundo del mar ve al cielo, te refleja la Integridad Infinita en tu propio refugio interior.

¿Si no Ahora, cuando? ¡Solo existe Ahora, donde hoy es una eternidad!

9

SECRETOS DE LA ATRACCIÓN, LA FELICIDAD Y LA ABUNDANCIA

La gratitud concede reverencia, permitiéndonos encuentros con revelaciones diarias, esos momentos trascendentes de asombro alucinante que transforman para siempre nuestra experiencia de la vida y del mundo.- John Milton (Poeta Británico 1608-1674)

ATRACCIÓN Y EL DERECHO DE CONCIENCIA

Es importante reiterar, con respecto a la energía y el flujo universal, que atraemos a nuestra vida tal y lo que somos. Atraemos de acuerdo a la misma frecuencia en la que vibramos y operamos. Por lo tanto, no podemos esperar atraer o recibir más de lo que ofrecemos o conferimos al universo. Lo que atraes a tu vida en el mundo de las formas depende de tu estado de conciencia y de la frecuencia a la cual te alineas. Esto es a lo que nos referimos cuando decimos que algo te toca por derecho de conciencia.

Cuando estás alineado a la alta frecuencia de energía de Conciencia Pura (tu Ser Superior), atraes situaciones y personas a tu vida afines a tu misma frecuencia. Todo fluye con menor esfuerzo porque estás en sintonía con la Inteligencia Divina que pone a circular con orden y perfecta sincronía todo lo que necesitas para tu evolución. Recuerda, el impulso del Universo tiene como prioridad todo lo que apoye la evolución. El Universo siempre está a favor de tu progreso evolutivo. Cuando tus acciones y energía están alineadas a este impulso inherente de tu espíritu, comunicas tus intenciones y deseos en una conversación íntima con el universo, y el universo te responde. Siempre y que estés vibrando a la energía donde opera un estado libre de juicio y donde operen la aceptación, la compasión, amor y la paz, estarás unido al campo de Inteligencia Infinita y reflejarás la esencia Divina de Conciencia Pura al nivel terrenal. Por lo tanto, unido a este estado de conciencia, el campo infinito de Inteligencia Universal siempre estará a tu favor.

Todo a lo cual ponemos nuestra atención se expande en nuestras vidas. Si te enfocas en las necesidades profundas de tu Ser, manifestarás recompensas profundas. Las necesidades profundas de nuestra alma incluyen, el amor, un propósito significativo en la vida, la creatividad, un sentido de plenitud y de paz. Si te enfocas en las necesidades superficiales de tu ego, las cuales gravitan alrededor del mundo material e impermanente, manifestarás recompensas superficiales y pasajeras. Una vez más, atraes en base a tu estado de conciencia y el espejo del universo te refleja lo que eres, lo que piensas, lo que crees, y expande en tu vida a lo que dirijas tu atención.

Cuando algo te toca por derecho de conciencia esto implica que cuando aparentemente te hayan "quitado" algo, si realmente te toca, lo recibes aunque sea por otro medio. Cuando me refiero a que "te toca" o "te corresponde" no lo digo en términos de posesión. Ya abundamos en el tema que al nivel de la Integridad Universal, más allá de la fragmentación, nada en sí nos pertenece en el mundo de las formas. Simplemente tenemos un turno para disfrutar los beneficios que nos confiere la Inteligencia Cósmica (Dios) comprendiendo que este mundo y su contenido son impermanentes y sus placeres son efímeros. Cuando digo que te corresponde por derecho de conciencia me refiero al hecho que el Universo lleva una contabilidad balanceada y ninguna deuda queda sin pagar en términos de Karma o el flujo natural del universo (Justicia Divina). Por lo tanto, si observas en algún momento que las acciones inconscientes de los co-participantes en tu entorno contribuyen al desvío de un beneficio que te corresponde (te robaron, te engañaron, te pasaron en alto para un ascenso en tu empleo), el acto inconsciente tendrá su consecuencia y tu recompensa nunca la pierdes, claro, siempre y cuando te mantengas alineado al poder auténtico de tu Ser, en un estado de Conciencia de alta frecuencia y sin violar los principios universales.

Cuando te alineas al estado de Conciencia Pura, confías que tú creas desde la fuente de tu verdadero Ser, tu fuente infinita y creativa. Tienes confianza en tu poder auténtico, y centrado en tu esencia, reconoces que eres completo y que nada te hace falta. Tienes acceso a la sabiduría Divina para atraer o manifestar todos tus deseos alineado a la Inteligencia Universal. Alineada a tu verdadero Ser lo externo refleja lo interno, estás fundamentada en la conciencia de abundancia del Yo Superior, del poder auténtico en vez del poder falso del ego. En este estado de conciencia ya no vives engañado por las migajas que ambiciona el ego cuyos deseos provienen de una conciencia de escases (inconsciencia) de lo que inocentemente percibe carecer.

Sin apego al resultado, sino unido al campo infinito de tu origen, vives la verdad y confías en la verdad, que eres tanto el origen de tu deseo como el cumplimiento de tus metas en uno, porque tu intención, tu deseo y el cumplimiento de tus metas residen en ti. Volvemos al principio universal que el fin y el medio es lo mismo, es UNO mismo.

LA IMPORTANCIA DE LA GRATITUD

El fundamento de la felicidad y de la abundancia es la gratitud por todas las cosas hermosas que se manifiestan en nuestras vidas. En los Estados Unidos celebramos anualmente en Noviembre el Día de Acción de Gracias. Los primeros colonizadores de esta nación festejaron el primer día de acción de gracias marcando su agradecimiento por la generosidad y los lazos de amistad con los Nativo Americanos, y por una abundante cosecha después de haber sufrido grandes infortunios durante su primer crudo invierno en Massachusetts. Aparte de su significado histórico, amo la intención de este día festivo: es un tiempo de reflexión, una celebración de abundancia y de gratitud por los regalos de la vida, y por las personas con quien compartimos estos regalos. Con la Gracia de nuestra gratitud se continúan multiplicando a diario estos regalos de momentos preciosos en cada una de nuestras vidas.

Ya conocemos el principio de la atracción, que a lo que sea que dediquemos nuestra atención crecerá y se expandirá en nuestras vidas. La gratitud es un alimento que activa la energía de la atracción en nuestras vidas. Entre más agradecemos, más nos alineamos a una conciencia de abundancia y al campo de Inteligencia Infinita del Universo. Mientras más completo, integrado y firmemente plantado estés en el terreno fértil de tu Ser, actuando con presencia e intenciones conscientes ante cada momento, más te alineas con el fluyo natural del universo el cual se desenvuelve activando con ello la energía de la atracción sin esfuerzo.

Mientras más practicas la gratitud observarás que es una energía positiva que también resulta en efectos curativos a nivel emocional y físico lo cual pone en circulación una serie de reacciones bioquímicas activando nuestra farmacia interna. La gratitud te alinea a la sabiduría armoniosa de la naturaleza donde recibes el apoyo del Universo convirtiéndote en un vehículo para hacer reflejar, tanto en tu vida como en el mundo, la misma abundancia, generosidad y perfección del Universo.

La gratitud es un estado de conciencia donde no se toma nada por desapercibido. Significa reconocer los innumerables regalos que se nos obsequian a diario sin tener que pedirlos: los rayos del sol, una noche estrellada, el alimento de la lluvia, el milagro de cada inhalación, el regalo de una sonrisa, por nombrar algunas. Cada día estoy humildemente agradecida por la abundancia y la generosidad de la vida misma, por las "pequeñas cosas que producen la más grande felicidad," como escribió el filósofo alemán Friedrich Nietzsche.[10] Estos son los más significativos e invaluables regalos, los frecuentemente desapercibidos en calidad de su sencillez, y los cuales el dinero jamás puede comprar.

¿Y por qué despiertan en uno tanta felicidad?, porque estos pequeños y simples momentos ocupan tan poco espacio en tu interior que catalizan tu despertar, activan el estado inherente de tu espíritu de manera que te envuelven con el regocijo sublime que solo proviene de tu verdadero Ser, de tu conexión directa al estado de Conciencia Pura. Estos pequeños momentos en sí no producen tu felicidad sino que te hacen consciente de tu Conciencia Pura y del espacio expansivo de tu refugio interno. Cuando se presenta esta apertura en tu alma, se te desvela con claridad el espacio del silencio y de la quietud interna donde mora tu Verdadero Ser. Este espacio siempre ha estado contigo, tu conciencia expansiva siempre ha estado contigo, pero el acondicionamiento de viejos patrones te ocultaban, como un velo, la luz de tu Ser y de tu estado inherente de Felicidad.

Este estado de Felicidad es un estado de conciencia, no una emoción. Las emociones son efímeras, impermanentes. La felicidad superficial del mundo de las formas es una emoción fugaz, como una pluma soplada por el viento que se te escapa de los dedos por más que la quieras retener. La Verdadera Felicidad es un estado profundo de cimiento firme, un estado inherente de tu Ser Superior. Mientras más alineado estés a la naturaleza de tu Ser Superior, unido a las frecuencias de comprensión sin juicio, compasión, amor y paz, más te integras al estado de Verdadera Felicidad. Esto no quiere decir que no sientas tristeza en algún momento de tu vida. Tampoco significa que devalúes los placeres de la vida ni que te eximas de disfrutarlos a plenitud. De hecho, lo que significa es que reconoces la diferencia entre tristeza y felicidad en términos de emociones pasajeras de la realidad fragmentada, de las dualidades del mundo de las formas. Reconoces que estas emociones también pasarán pero tu estado de Felicidad Verdadera, que mora en ti, permanece como un estado inequívoco en el trasfondo de tu alma, el cual te sostiene y se refleja en ti con una paz interna expansiva, y con la sabiduría de la integridad del mundo más allá de las formas donde la conciencia de tu Ser está unida a la conciencia infinita del Universo.

Es importante entender que la Verdadera Felicidad no tiene condiciones. En el momento que le impones condiciones a tu felicidad estás creando limitaciones y creando las mismas condiciones de tu sufrimiento e insatisfacción con la vida. Esto significa, por ejemplo, que si pones como condición la casa de tus sueños, el cuerpo perfecto, la cifra perfecta en el banco, o la mujer u hombre que cumpla con tu lista de innumerables requisitos para tu felicidad, cuando estas condiciones no se cumplen, eres tú mismo quien ha creado el marco de tu infelicidad, insatisfacción, y sufrimiento. Todos nacemos con la llave de la felicidad, del amor, y de la paz, ya que estos estados residen dentro de uno mismo. Solo falta redescubrir la verdad que hemos olvidado.

La Verdadera Felicidad es un estado de conciencia, no es una emoción. La Felicidad es una decisión, una escogencia consciente de remover las condiciones para su plena expresión. Es el estado natural que se revela cuando removemos todas las condiciones que le imponemos a la supuesta ecuación prefecta que suma "felicidad." Uno no puede engañarse ante este estado de conciencia. La verdadera Felicidad no se puede improvisar. En este estado de conciencia no se "cree" o se "piensa" que se es feliz, ni se piensa que la felicidad es un destino. En este estado de conciencia sabes con certeza que la Felicidad es el deleite del camino en sí. Te alineas y te compenetras con el camino hasta convertirte uno con él, y en ese momento sabes que Eres la Felicidad.

Entonces, no esperes los grandes acontecimientos sino toma el tiempo a diario para alegrar tu corazón con gratitud por los pequeños momentos preciosos que te regala la vida. Nutre tus intenciones con gratitud. Alinea tus intenciones a la profundidad de tu Ser donde reina tu estado innato de Felicidad. Con estos secretos sabios activarás la energía de la atracción para la realización de todos tus deseos y la abundancia en tu vida.

EJERCICIO

LA GRATITUD DIARIA

Tengo la costumbre de anotar en un diario tres cosas por las cuales me siento agradecida cada día. Ocasionalmente lo leo, repasando los días, meses y los años anteriores, y siempre me maravillo que los momentos que me han brindado el mayor regocijo son los momentos pequeños con mis seres queridos, y disfrutando de la naturaleza. Cuando los repaso los revivo con deleite sonriendo con mis labios y mi alma agradeciendo de nuevo los momentos vividos los cuales cultivan mi espíritu con un sentido de gratitud continua ante la generosidad de la vida. Los momentos difíciles se nublan al ver tanta abundancia y momentos felices. Mi corazón se ensancha con la alegría interna del espacio íntimo que me permite recibir tanto amor y abundancia de la vida.

Te recomiendo este ejercicio de escribir tres cosas por las cuales te sientes agradecido todos los días en un diario. Es un lindo resumen cada noche antes de dormir que te mantendrá sensible a los regalos que la vida te presenta a diario. Te mantiene despierto ante la abundancia infinita del Universo y de la Felicidad inherente de tu Ser, a la cual siempre tienes acceso. Confió que este ejercicio te brindará tantos beneficios como a mí y que percibirás una apertura espiritual y transformaciones inmediatas en tu vida.

10

EL DESAPEGO Y LA INCERTIDUMBRE

"El desapego no es que tú no debas poseer nada, es que nada te posea a ti". ~ Ali Ibn Abi Talib

Cuando estás arraigado a la plenitud de tu verdadero Ser donde tu estado de conciencia es la Felicidad, y donde la abundancia del Universo es evidente, te invade una confianza auténtica ante la vida porque vez en cada rasgo de la vida el despliegue armonioso de la Inteligencia Divina. Alineada a este estado de integridad reconoces tu esencia, reconoces que la abundancia del universo es tu patrimonio y reconoces que la llave de acceso reside en ti. Tu llave es el cultivo de intenciones y acciones fundamentadas en tu Ser al igual que la activación de la energía de la atracción y de tu estado de Felicidad mediante el alimento diario de la gratitud. Cuando vives en este nuevo estado de conciencia te vas liberando del apego y del miedo a la incertidumbre.

El apego es una de las causas más comunes del sufrimiento. El apego a cosas, personas y situaciones surge del miedo de perder lo que deseamos, queremos o "poseemos" en la vida. El problema es que vivimos en el mundo de las formas donde nada es permanente. Lo sabemos intelectualmente pero al nivel personal entramos en negación de la impermanencia del mundo, de nuestros seres queridos y del contenido de nuestras vidas, lo cual muchas veces causa sufrimiento cuando se nos escapan, desaparecen o pensamos en la potencial pérdida de las personas que amamos y de las cosas que más deseamos. Sin embargo, nada en este mundo dura para siempre. Nada en este mundo nos pertenece. Ni siquiera nuestros mismos cuerpos nos pertenecen a sí mismos. Huesos, piel y tendones se transforman en polvo y cenizas, soplados por el viento a través del espacio y el tiempo. Alguna vez nuestros átomos dieron forma a las estrellas y volveremos a ser nebulosa en el viento, como granos de arena en el infinito océano del universo.

Ahora bien, la práctica del desapego no implica que no debes desear nada ni que "no debes poseer nada, sino que nada te posea a ti" (Ali Ibn Abi Talib 599-661AD). Cuando practicas el desapego, reconoces que nada en esta vida de impermanencia te pertenece y por lo tanto agradeces el turno que se te ha brindado para disfrutarlas, vivirlas profundamente, regocijarte en ellas, incluyendo a las personas que amas y que forman parte de tu vida. También agradeces la oportunidad de haber milagrosamente encarnado en esta experiencia humana. De miles de espermatozoides y cienes de óvulos, tu formación única se materializó para vivir esta experiencia y percibirla por tus ojos, sentirla por tu piel y absorberla con tu conciencia individual. Pudiste igual de fácilmente no haber encarnado, no haber tenido esta maravillosa experiencia.

El desapego implica la aceptación de dejar las cosas fluir como tal, sin apego a que sean como uno espera que sean y sin forzar situaciones o resultados. No debes confundir el desapego con resignación ni desinterés, sino más bien, significa que laboras con tu atención y tus intenciones enfocadas en tus deseos y alineadas al poder auténtico de tu Yo Superior. Implica tu entrega, fe o confianza en el Universo y en la Inteligencia Divina que mueve el cosmos. Significa que no pones oposición o resistencia a la desenvoltura del Universo ni estás a la defensiva ante las situaciones pasajeras de la vida. Envés de estar alineado a las percepciones inconscientes del ego, pensando en términos de escases y con acciones fundamentadas en el miedo por lo que puedes perder o deseas lograr, más bien te alineas a la frecuencia creativa de la abundante fuente universal donde el Universo se mueve sin esfuerzo para manifestar tus deseos.

Paradójicamente, en cuanto más te alineas a tu Verdadero Ser y practicas el desapego a las cosas y a los resultados, más se van desarrollando y logrando lo que deseas sin esfuerzo. ¿Qué opera aquí? Opera tu confianza y tu entrega a la sabiduría de la incertidumbre. El universo tiene un poder organizador dentro de lo que puede aparentar a simple vista como caos. Hemos abundado bastante en lo que conlleva nuestra responsabilidad de uniros a la frecuencia elevada de la aceptación, la comprensión sin juicio, el amor, la compasión y la paz, todos los elementos de la Inteligencia Divina la cual es el origen de nuestro Ser. También abundamos en lo que significa expandir de una conciencia fragmentada a una conciencia de Integridad, más allá de las dualidades y de nuestras percepciones limitadas del mundo de las formas, donde existe un orden y un flujo natural en el Universo.

Cuando tomamos la responsabilidad de mantener una conciencia de Integridad y una contemplación consciente del momento presente, con intenciones claras y positivas, sin ataduras a los lastres y acondicionamientos de nuestro pasado, y sin ansiedad de futuros resultados, percibimos con más claridad la sincronizidad de eventos y personas que se presentan cuando es preciso en nuestros caminos para el desarrollo de nuestras metas. Una vez más, esto implica fe o confianza en el poder organizador del Universo, una conciencia expansiva fuera del ego, significa mantener tu Ser alineado a tu poder auténtico, y significa no tener miedo ante la incertidumbre, sino más bien, significa mantener un estado de entrega donde te desprendes de tu voluntad individual y confías en el Universo, Inteligencia Divina o Dios.

A veces experimentas que el Universo no siempre te da lo que crees que te conviene sino lo que realmente necesitas. Esto no sucede de manera determinista, como si todo estuviese escrito o predestinado para ti, sino que sucede a raíz que uno mismo, sea consciente o inconscientemente, va escogiendo sus lecciones y labrando su camino con cada paso y escogencia creando así su propia realidad y experiencias de la vida. A este nivel de entrega frente a la incertidumbre no tienes miedo, más bien te mantienes abierto, flexible, y adaptable ante todas las opciones y posibilidades que te presenta el Universo. Por lo tanto, ensanchas tu mundo, y tu experiencia de la vida se vuelve más rica y espontánea, vives alineada a la misma naturaleza del Universo (Inteligencia Divina, Tao, Conciencia Indiferenciada) de la cual eres una parte. Acoges la incertidumbre sin reservas aceptando la discreción secreta y misteriosa del Universo como una aventura dinámica y apasionante. Te mueves al mismo ritmo de la danza universal.

Opino que las personas que se dicen llamar "dichosos" o que piensan tener "suerte" son personas que aprovechan, sea consciente o inconscientemente, de estos principios del flujo Universal. Las personas con "suerte" por lo general no están apegadas a ningún resultado específico. Aceptan que las cosas pueden o no resultar como desean porque comprenden que vivimos en un mundo de probabilidades y aceptan lo que va y viene en sus vidas confiando que hay un orden o una razón que les presenta una oportunidad para nuevas aventuras en la vida. Por lo general, son personas abiertas y adaptables a los cambios, con confianza en sí mismos y de que siempre les irá bien, y se sienten capacitados para aprovechar hasta los desenlaces menos deseados como ciclos indeterminados en perpetuo movimiento, sin principio ni final. Aunque talvez no lo comprendan así, estas personas viven entregados a una energía ("suerte") que les favorece (el impulso evolutivo del universo) y por lo tanto están preparados para ver y aprovechar las oportunidades sincronísticas que se les presentan a cada momento. Aunque sea inconscientemente, estas personas con "suerte" están en efecto aceptando el orden Divino de todas las posibilidades, tienen fe o confianza en el orden, no tienen temor porque confían que todo siempre tiene una manera de resultarles bien, no tienen apego a episodios del pasado porque aunque algo se les haya escapado, confían que regresará o será remplazado por alguna mejor oportunidad. ¡Qué Suerte!

Cuando operas desde este estado de conciencia, estás verdaderamente alineada a las frecuencias más altas de energía las cuales reflejan la misma sabiduría del holograma o espejo del Universo de la cual hemos abundado anteriormente. Simplemente siembras, fundamentada en esta frecuencia lo cual germinará buenos frutos, pero sin apego a la época en la cual tus cultivos producirán esos frutos. Confías plenamente que tu cosecha siempre será en el tiempo propicio, confías que tu Agosto está asegurado. Disfrutas del proceso sin pensar en el fin o en el resultado porque el propósito es tu regocijo—tu regocijo es el proceso en sí de lo que vas desarrollando.

Cuando operas a este nivel de fe y de entrega, te unes a la Totalidad donde comienzas a presenciar que se desenvuelve sin esfuerzo el cumplimiento de tus deseos ya que, conectado a la Inteligencia Universal de la Totalidad, devengas los frutos del campo de abundancia infinita. Comienzas a experimentar que entre más confías, más ves los resultados inmediatos lo cual te infunde de mucha más confianza en la incertidumbre. Mientras más te entregas, más te fundes con el flujo Universal. Empiezas a sentir menos apego por las cosas del mundo de las formas porque, con tu nuevo estado de confianza en tu poder auténtico y en los secretos de la manifestación de los deseos, sabes que tu acceso a esta fuente inagotable es ilimitable.

Aquí también comprendes que eres como dice mi padre, una fotocopiadora. Todo lo que creas es producto de la energía de tus intenciones, de tus acciones y de tu conexión con el flujo de la Inteligencia Universal. Siempre que pongas a circular tu energía positiva con los secretos de la manifestación, podrás recrear la misma energía de los símbolos materiales de tu vida, aunque estos te los "quiten" o "desaparezcan," porque su origen y su manifestación provienen de tu mismo Ser alineado a la Inteligencia Divina. Eres un creador. Tal y como una fotocopiadora la cual tiene la capacidad de reproducir un sinfín de imágenes, eres una maquina reproductora de energía y de los símbolos materiales que te rodean—los símbolos del dinero, casas, autos, posiciones etc.— manifestados en el mundo de las formas por tu misma energía. Cuando confías en este hecho, se desvanecen los apegos, las preocupaciones y el temor. En fin, reproduces y atraes a tu vida los símbolos que te pertenecen por derecho de tu misma conciencia.

Paradójicamente, unido a este estado de conciencia atraes más con menos esfuerzo. Usualmente, es unidos a esta frecuencia donde empezamos a cultivar intenciones de deseos y realizaciones mucho más profundas, con propósitos más amplios que el de nuestro simple deleite personal como fin. Aquí muchas veces comenzamos a cultivar nuestro Dharma, o propósito de vida y el Amor Universal.

11

AMOR UNIVERSAL

"Aquel que experimenta la Unidad de la vida ve su propio Ser en
todos los seres
y todos los seres en su propio Ser" ~ Bhagavad Gita

Los principios del flujo de Inteligencia Universal se conjugan en un solo principio Universal—Amor Divino o Amor Universal. ¿Pero qué es realmente el Amor? El amor de la cual se habla y muchas veces se experimenta al nivel del mundo de las formas es una emoción efímera como tantas otras emociones. El amor como emoción proviene de percepciones limitadas del mismo mundo de las formas. Las emociones son impermanentes y pasajeras, por lo tanto, el amor como emoción muchas veces se apaga, se disipa o simplemente se transfiere fácilmente a otra persona. Y es que, lo que muchos describen como amor es en muchas ocasiones atracción física, pasión sexual, posesión, apego, deseo y/o dependencia. Todos estos sentimientos son, en sí, producto del ego o "yo" falso.

El Amor verdadero, o Amor Divino o Universal, no es una emoción sino un estado de conciencia y un patrimonio innato de nuestro Verdadero Ser, de nuestro Ser Superior y expansivo. El Amor como estado de conciencia es permanente y no varía. Amor a este nivel es un estado inclusivo e incondicional que se extiende a todo y todos por igual sin exclusividades ni condiciones para su expresión. Cuando operas desde este estado, alineado a la frecuencia energética elevada del amor incondicional o Amor Divino, la vida fluye sin esfuerzo, las relaciones afloran, las situaciones de la vida se resuelven con poco esfuerzo y las metas se alcanzan con la precisión sincronística de la Inteligencia Divina. Uno experimenta que las personas son más abiertas, amenas y cooperativas con uno. En este estado, el Universo y la vida te reflejan la misma intensidad de la energía del Amor que tú irradias y aportas al Universo. Una vez más, el eco del Universo te devuelve la misma melodía armoniosa que le confieres.

Expandiendo a este estado de conciencia vives desde tu Yo Superior en vez de desde tu yo falso y egocéntrico. Alineado a esa frecuencia vives la condición humana con una conciencia expansiva y despierta, lo contrario a una experiencia humana limitada o a lo que denomino una humanidad inconsciente. Recuerda que cuando vives una humanidad inconsciente, vives la experiencia humana como un sonámbulo ante la vida, donde el sueño ilusorio de la vida es tu única realidad. Es una existencia donde la identidad del ego (el yo falso) domina nuestras acciones y nuestras relaciones. Es una miopía espiritual donde se vive conectado (enchufado) a la inconsciencia colectiva (de tu mundo, tu circulo, tu nación etc.) Por lo contrario, vivir una humanidad consciente es vivir la existencia humana despiertos ante una realidad expansiva que incluye el mundo físico de los cinco sentidos y el mundo espiritual más allá de las formas.

Donde reside y se expresa el Amor Universal no hay cabida para el miedo, no hay cabida para ningún pensamiento o emoción negativa. El poder del Amor auténtico nos da alas para volar ya que es la base de intenciones diáfanas que motivan acciones fundamentas en la profundidad de nuestro corazón y la autenticidad de nuestro Ser Superior, donde nuestros propósitos son puros, generosos, inclusivos, incondicionales, compasivos y cooperativos. Es un estado holístico que se integra en cada aspecto de nuestras vidas a nivel personal, profesional y en nuestra participación colectiva. A las personas que viven alineadas al Amor Universal como estado de conciencia los caracteriza un sentido de gratitud ante la vida, aceptación sin juicio, humildad, y la ternura del calor humano. Donde existe desesperanza y apatía se ocupan de elevar incondicionalmente al que necesita alivio del sufrimiento por medio del Amor, como fue el caso de la Madre Teresa cuya vida fue un ejemplo de abnegación y entrega incondicional a las personas más sufridas y marginalizadas de la sociedad.

En el estado de conciencia del Amor Divino se experimenta la energía abundante que, tal y como el sol, nos ilumina y nos nutre a todos por igual sin distinción ni preferencias exclusivas. Es un estado de conciencia que proviene de la fuente rica e incondicional de la Inteligencia Divina del Universo, una fuente que da sin juicio, sin apego y sin esperar ningún resultado, sin embargo, crea, y recibe, y emite en base a la misma energía Divina de su núcleo, recargándose y nutriéndose de la misma energía sublime y armoniosa que pone en circulación. A su vez, esta fuente infinita de Amor

Universal da frutos incondicionalmente y sin esfuerzos, porque su propósito es ser, dar, generar, y seguir irradiando la misma energía sublime, renovadora e inagotable que proviene de su Ser.

El Amor, como estado de conciencia, mora en uno como una semilla esperando la oportunidad para aflorar y hacer su expresión evidente en nuestras vidas. Cuando cultivamos esta energía del Amor y esta germina en uno, el Amor infunde todas nuestras acciones e intenciones, nos envuelve y la proyectamos a nuestro entorno resultando en frutos afines a esta misma energía que hemos puesto en circulación, tanto a nivel personal como colectivo. Por lo contrario, las emociones negativas bloquean la luz del Amor en tu vida. Por lo tanto, entre más te liberas de la prisión del ego y del velo de emociones y acciones de baja frecuencia (competencia, rencor, venganza, ira, resentimiento, orgullo, miedo, envidia, vergüenza, inseguridad), mas puedes presenciar la esencia del Amor dentro de ti mismo, en la naturaleza de la vida misma y en todo tu entorno a diario.

Si enfrentamos la vida, nuestras relaciones y las situaciones que se nos presentan desde un estado de conciencia de Amor Universal, estaremos utilizando la herramienta más poderosa de supervivencia que existe en el universo. El Amor es la energía que mueve todo el cosmos. El Amor es poder auténtico, contrario al poder falso del ego que persigue controlar y obtener resultados con fuerza.

La energía del Amor es un poder auténtico, curativo y transformador. Muchos autores han documentado y revelado sus propias experiencias curativas al alinearse con la energía del Amor Universal y con la práctica diaria de la gratitud y la compasión. Las endorfinas (hormonas que prolongan nuestra vida y promueven nuestra salud) que segregamos en este estado de conciencia no solo nos inundan de Felicidad auténtica, sino que también desbloquean emociones tóxicas de los centros energéticos de nuestro cuerpo, las cuales frecuentemente causan enfermedades y, mediante ese desbloqueo, armonizan la función natural de nuestra farmacia interna y potencializan la auto-curación.

Las personas, nuestras mascotas y muchas veces la belleza simple de la naturaleza, sirven para catalizar nuestro estado de Amor inherente. En este estado profundo de Amor auténtico se puede llegar a sentir Amor hasta por los "villanos" de este mundo porque se llega a la realización que actúan desde un estado limitado donde desconocen la esencia de su Ser, desconocen la grandeza de su espíritu y la Totalidad que nos une a todos. Cuando llegamos a esta comprensión profunda, entendemos también que hasta en los actos criminales existen dos víctimas: el que perpetra el crimen y el objeto del crimen. Comprendemos que hasta los más viles perpetradores son víctimas de la ceguera profunda de su ego, del acondicionamiento de su entorno, de intenciones de baja frecuencia que los impulsa a actuar en contra de su prójimo lo cual es actuar contra sí mismos. Cuando se llega al estado de conciencia más elevado de Amor Universal, sentimos compasión y vemos a estas personas no como personas malas sino como personas inocentes ante los principios universales. Entendemos que estas personas viven una realidad fragmentada, que sus conciencias están bloqueadas por patrones negativos y por el "yo" falso por lo cual no han podido presenciar el milagro del verdadero Amor en su alma y a su alrededor. En fin, sentimos compasión por ellos como víctimas de un alto nivel de inconsciencia y sufrimiento y por la oscuridad que los invade. Sabemos que son almas perdidas en necesidad de Luz y de Amor.

Al nivel del Amor Universal, o Amor Inclusivo, vemos y comprendemos con nuestro Ser, con la Integridad o Totalidad que nos une a todos los seres vivientes en este mundo. Compenetrada al Amor Universal como estado de conciencia, se te revela la arquitectura del universo en cada minucia de la vida, no como una serie de objetos y seres vivientes independientes y distintivos, sino como figuras que forman parte de una intricada geometría sagrada que se van integrando hasta que ninguna de las figuras se distinguen entre sí, y mientras más expandes tu visión ves que van perdiendo sus características individuales y se integran en una masiva red indiferenciada de luz y energía. Comprendes que cada detalle de esta red es producto del Amor Divino lo cual es la energía vital y la base creativa del Universo, el origen Divino de todo. Cuando llegas a este estado de conciencia vives la integridad y te ves claramente reflejado en todo. El Amor deja de ser una emoción personalizada o exclusiva. El Amor se transforma en un estado de conciencia profundo, inclusivo o Universal donde no existe ni "tu" ni "yo", ni "ellos" ni "nosotros" sino donde somos Unidad Infinita, donde somos Integridad Atemporal.

EL AMOR EN ACCIÓN

Un día supe de un episodio hermoso de la cual mi padre fue testigo. Regresando a la oficina de una diligencia, observó a un señor desamparado en esa zona. Estaba muy descuidado y era evidente que no había comido en mucho tiempo. Estaba muy débil y se acostó en la acera como un desahuciado. De repente viene caminando por la calle un joven con una caja de pizza. Cuando capta al desamparado acostado en la acera, se le aproxima, se agacha y le da un pedazo de pizza. El desamparado lo mira con asombro, porque el muchacho no solo le da de comer sino que se agacha a comer con él. Este fue un acto de verdadero Amor. El joven no le importó que el desamparado estuviese desaseado, ni le tuvo temor. Lo vio con los ojos de su alma, presenciando la conexión profunda y la unidad entre ambos al nivel sabio del Ser. Fue un acto de bondad, compasión y Amor. Cuando se vive y se actúa a esta frecuencia, contagias a todos con el simple hecho de Ser el Amor en movimiento. Contribuyes a una avalancha de Amor y compasión y recibes la misma energía que irradias sin pedirla ni esperarla. Cosechas lo que eres, y sigue circulando la misma Felicidad y el mismo Amor que emanas en tu vida.

DHARMA: EL GPS INTERNO

Todos tenemos un GPS interno (sistema de posicionamiento global) sintonizado a la Inteligencia Divina (Conciencia Universal o Dios) pero también tenemos el dominio del guía y la opción o no de poner nuestra atención al GPS. Si nos desviamos por nuestra voluntad, el GPS nos ofrece una ruta alterna al mismo destino y lo cierto es que, aunque nos tome más tiempo, tarde o temprano llegamos. De igual manera, a nivel espiritual se nos facilita el viaje de la vida cuando seguimos la instrucción interna de nuestro Verdadero Ser. Podríamos decir que, utilizando esta metáfora, el guía lo mueve el ego mientras que fuera de nuestro ego, al nivel de nuestro Yo Superior, viajamos sin esfuerzos cuando nos sintonizamos o nos alineamos a nuestro espíritu/Conciencia Infinita. El Karma es evolución por medio de decisiones guiadas por nuestro ego donde domina nuestra mente y donde nuestro concepto de la realidad es relativa. Esto es equivalente a dominar el guía sin atención al GPS. Por lo contrario, Dharma es evolución guiada por nuestro Yo Superior, donde domina nuestra conciencia despierta alineada a la Inteligencia Universal (Dios, el Tao) y donde nuestra percepción de la realidad es absoluta, lo cual es el campo de la Conciencia Pura, la Integridad, la Conciencia Indiferenciada o Campo de Unidad.

AMOR UNIVERSAL Y DHARMA

Cuando ves tu conexión con los demás y comienzas a navegar en el océano del Amor Universal también comienzas a preguntarte con más frecuencia, ¿Cuál es mi propósito de vida (Dharma)?, ¿A qué disfruto más dedicar mi tiempo? También preguntas, ¿Cómo puedo servir a los demás?, en vez de, ¿Cómo saco ventaja ahora o en el futuro de esta persona o situación? Aquí entras en el campo de tu Dharma o vida con propósito. Cuando estás en Dharma estás realizando tus metas pero unido a la Totalidad. Cuando estás en Dharma tu vida fluye sin esfuerzo atrayendo lo mismo que eres, y tus decisiones en tu viaje por la vida están centrados en tu esencia verdadera. A este nivel aceleras tu evolución espiritual vibrando a una energía de alta frecuencia donde te caracteriza la aceptación, la bondad, la compasión, el Amor Universal y la paz.

Operando desde tu Dharma, tu propósito principal se convierte en manifestar el campo de Unidad (lo que somos) a este mundo material en que vivimos. Aquí nos alineamos a nuestro verdadero Ser, cultivando nuestro camino, alineando las intenciones y acciones de nuestro propósito externo en el mundo material con nuestro propósito interno, lo cual es vibrar y manifestar Amor, compasión y paz. En este estado de conciencia, vivir y accionar en términos del flujo natural espiritual de la Inteligencia Divina se convierte en nuestro propósito o Dharma, manifestando, a su vez, frutos de provecho a nivel personal y colectivo. A este nivel de existencia todo fluye con menor esfuerzo y con la armonía del universo.

Desde este estado de conciencia se hace menos importante desear exclusivamente para ti y los tuyos porque, sabiendo que eres parte de la Totalidad, llegas a la conclusión que velando por los intereses de todos los seres vivientes, los cuales ya no percibes como separados de ti, estás automáticamente cuidando de tus propios intereses y reconoces que serás igualmente beneficiado como parte de esta Unidad. Comprendes desde una conciencia de Integridad donde no existe separación entre ti y el resto del mundo. Comprendes que lo que beneficia a las demás personas, al mundo, y la tierra también te beneficia a ti.

Lamentablemente algunos pueden pensar que la ganancia de otros implica su pérdida personal, pero este pensamiento proviene de la inconsciencia del ego. Realmente no existe perdida ni ganancia en el Universo donde existe una contabilidad y un balance perfecto. De hecho, cuando nos compenetramos a la frecuencia de Amor Universal comprendemos que la felicidad y la abundancia de los demás no nos disminuyen en nada, sino más bien, contribuyen a nuestra propia felicidad y abundancia. Es como expresó el Buda, "Miles de velas pueden ser encendidas por una sola vela, y la vida de la vela no se acortará. La felicidad nunca disminuye cuando se comparte."

El Universo es una presa ilimitada de abundancia la cual espera que te sumerjas completamente en ella, con plena confianza, para que aproveches plenamente de sus inagotables recursos de los cuales existen más que suficientes para todos. En ese estado de conciencia, experimentamos la plenitud espiritual en esta existencia humana. Si colectivamente nos uniéramos a este estado de conciencia de Amor Universal y propósito, progresaríamos no solo individualmente sino como nación y como comunidad global. Significaría pensar, actuar y vivir con una conciencia de Unidad, inclusividad y Amor Universal. Alineados a ese estado donde

Amor y propósito convergen, nuestro Dharma o propósito externo refleja la conciencia espiritual y expansiva de nuestro Ser Superior o Maestro Interno.

Cuando hacemos lo que amamos derivamos Felicidad. Cuando estamos alineados a nuestro Ser Superior (Conciencia Pura, Conciencia Indiferenciada, el Tao, Dios) nuestra realización a nivel personal proviene naturalmente de cultivar nuestros talentos y hacer lo que amamos como un aporte positivo a las vidas de los demás. Cuando somos de servicio a los demás y nos preguntamos, "¿Como puedo ser de asistencia?", en vez de, "Qué obtengo, qué saco de esta interacción?", somos parte de la solución en cada situación desde un punto de vista de compasión por nuestra humanidad compartida y por nuestra unidad espiritual, a nivel de nuestra alma o Ser Superior.

Cuando estás cumpliendo con tu Dharma, Ser se convierte en más importante que hacer. Esto significa que estar alineada a tu Ser Superior (Conciencia Indiferenciada, el Tao, Dharmakaya, Allah, Dios, o Conciencia Pura) se convierte en primordial y a su vez, tu Ser impregna todo lo que desempeñas. Por ejemplo, si eres un artista, un poeta, un músico, una persona alineada a su Ser, tú y lo que haces se funden en uno. El artista es arte, el poeta es el poema, el músico es la música, el individuo en el camino de luz es la generosidad, amor, la paz, la compasión. El artista, por ejemplo, crea por su pasión innata y desde un lugar sincero y sagrado, impulsado por su necesidad irremediable de transmitir su alma en una unión atemporal con el receptor. A este nivel de compenetración entre tu Ser y tu propósito o Dharma, no tienes otro remedio que dar nacimiento a lo más profundo de tu Ser en todo, hasta en lo más simple que emprendas y desarrolles. Todo va estampado con el sello auténtico de tu Ser Superior.

Aquí es lo que muchos describen como crear en base a la inspiración. La etimología de la palabra inspiración proviene del latín *inspirare* lo cual significa inhalación, introducir aire al cuerpo o pulmones, pero también significa iluminación divina previa a la creación. Entonces este estado de inspiración viene de una conexión directa a la Inteligencia Divina, Conciencia Pura, o Dios. Crear y accionar en base a este estado es el hecho de respirar la Inteligencia Infinita centrado en la quietud y la sabiduría de tu Ser y expirar tu regalo al mundo de las formas. Cuando estás enfocada, desempeñando lo que te revela la Felicidad y el Amor inherente de tu Ser, entras en una zona atemporal donde el tiempo se disipa y lo que desarrollas es eternidad en movimiento materializándose en el mundo de la formas.

Si eres un músico tu instrumento es una continuidad de ti—músico e instrumento se convergen en una sola pieza. Centrado en la quietud y el silencio de tu Ser Superior, Eres la Unidad y fluye la tranquilidad, la armonía y la belleza Divina por medio de ti, como un hilo que une tu alma con el alma del Universo, manifestándose en la melodía que emana del Espíritu Universal. Todo lo que proviene de este espacio sagrado de tu alma, de la profundidad de tu Ser auténtico, es una expresión Divina. A este nivel de expresión auténtica, alineado a tu Dharma, Ser es más importante que hacer o recibir, pero paradójicamente, atraes lo mismo que eres y por lo tanto el triunfo y la abundancia a nivel espiritual y material nunca están lejos de tu alcance.

En términos prácticos, esto significa que no obstante a lo que te dediques o cual sea tu estación en la vida (artista, enfermero, estudiante, policía, obrero, madre, esposo, mesero, cocinero, abogado, médico, jardinero, político, dirigente de una empresa o presidente de una nación, etc.), cuando confluyes lo más íntimo y sagrado de la Luz de tu Ser Auténtico con tus intenciones y acciones a lo largo de tu movimiento por la vida, el resultado es un despliegue de Amor, Felicidad y autenticidad, tanto en tus interrelaciones como en todo lo que emprendes, poniendo en circulación y atrayendo los mismos regalos que brindas a tu vida y a tu entorno.

El secreto es mantenerte alineado al poder auténtico de tu Maestro Interno (Ser Superior), dedicarte a desempeñar lo que disfrutas mientras ofreces lo mismo que deseas y disfrutas a los demás, siempre fundamentado en la Unidad y el Amor Universal. Así creas la apertura a la verdadera expresión de Felicidad, Amor y Paz que moran en ti, atrayendo más de lo mismo que irradias. La Felicidad de los demás se convierte en tu Felicidad, el Amor hacia los demás te envuelve de Amor, y la Paz de tu entorno y el mundo te reboza de Paz.

12

ÉPOCA DE FLORACIÓN

Abre los ojos y ven ---
Regresa a la raíz de la raíz
de tu propia alma.... ~ Rumi

El Árbol de la Vida es un diseño común que abunda en las diferentes religiones, en la biología, filosofía, y mitología. Este tema aparece en diferentes tradiciones culturales desde los tiempos pre-colombinos en Mesoamérica y en los continentes de la China y Europa. Se ha hecho mención al igual que diversas reproducciones de la icónica imagen en las tradiciones del Budismo, Cristianismo, Hinduismo, Islam y Kabbala.

Hay varias versiones del Árbol de La Vida pero mi favorita es la que muestra un árbol con ramajes frondosos y raíces fuertes y profundas en la tierra, usualmente enmarcado en un círculo. La imagen demuestra que lo que mora dentro de la tierra es un reflejo simétrico de lo que se manifiesta fuera de ella. Como es arriba es abajo. Volteando la imagen se ve lo mismo. Las raíces reflejan los frutos y los frutos reflejan las raíces. El círculo simboliza el ciclo de la vida, la conexión con toda la creación y la Unidad o Integridad Universal.

Lo primero entonces, es saber en qué terreno estamos arraigados. ¿Estás arraigada en el terreno fértil, expansivo y abundante de tu Verdadero Ser, de la Inteligencia Divina, Conciencia Pura (Dios) o en el jarrón pequeño del ego lo cual es el terreno árido y limitado de la inconsciencia humana y del yo falso? Por más grande y majestuoso que aparente ser el jarrón donde intentas sembrar, no deja de ser un espacio limitado; jamás provee el espacio propicio para alimentar tus raíces hacia un desarrollo pleno, profundo y sano.

Las raíces buscarán salir del jarrón para nutrirse y expandir. Las raíces de lo que germine no tendrán espacio para crecer y dar frutos por la limitación del espacio restringido del jarrón. Tienes que sembrar en el terreno amplio y fértil de la Totalidad, de tu esencia espiritual (Conciencia Pura) donde la abundancia del Universo se despliega en el campo florido de tu cielo en la tierra, el Edén de tu creación cultivado por la sabiduría de tu jardinería espiritual. Destruyendo el contenedor (ego) encuentras la libertad para crecer y desarrollarte a la expresión plena de tu Verdadero Ser lo cual es una necesidad inherente. Tus frutos y florestas coloridas te alimentarán a ti y a los demás atrayendo la misma alegría y colorido de la vida que le infundes a tu entorno.

Los pasos son:

1. Reconocer quién eres. Volver a la raíz de tu Ser (Conciencia Infinita o Inteligencia Divina), el reflejo de la Inteligencia Universal en la tierra, lo cual es la parte en ti que contiene todo el holograma universal.

2. Arraigarte en tu Verdadero Ser. Significa re-establecer la conexión con tu Yo Superior, tu Verdadero Ser, con tu conciencia expansiva más allá del ego.

3. Transformar tus percepciones, intenciones y pensamientos. Aquí cultivas y fortaleces internamente la conexión con tus raíces manteniéndolas arraigadas en el estado de conciencia despierta de tu Ser Superior.

4. Accionar en el mundo de las formas externalizando y creando en base a lo que eres, la Conciencia Pura, la Inteligencia Universal de tu verdadera esencia espiritual.

Si te alineas a tu ego—al mundo de las formas y a una falsa percepción de ti—estarás cultivando raíces en falsos cimientos y tus percepciones, intenciones, pensamientos y acciones estarán fundamentadas en la inconsciencia, en el mundo de impermanencia, de placeres efímeros y de sufrimiento.

Tus raíces calan más profundo que el mundo de las formas, profundizan más allá de tu herencia familiar, tu raza, tu nacionalidad, tu cultura. Tus raíces profundizan al campo Infinito de abundancia, creatividad y de todas las posibilidades. Las verdaderas raíces de tu alma son de origen Divino, provienen del campo de Unidad donde todos nos fundimos en uno. Así que tal y como nos convoca Rumi, abre tus ojos y regresa a la raíz de la raíz de tu propia alma. Ahí nada deseas ni te hace falta, sin embargo, ahí lo tienes todo. Ahí encontrarás el deleite de tu añorado tesoro.

Es cuando penetramos al espacio sagrado de nuestro Ser, de nuestra alma, que reconocemos la profundidad de nuestra raíz. Ahí descubrimos que, a pesar del invierno más severo y oscuro, todo aquello con raíces que se nutre espera florecer a la máxima expresión de su alma. Florecer, crecer y crear son deseos naturales e innatos, el impulso evolutivo del espíritu y de la condición humana. Mantente siempre leal a este instinto. Cuando te arraigas en el corazón de tu Ser, das inicio a un camino sabio hacia la verdadera libertad donde te despiertas en el jardín florido de tu propia primavera interna.

No existe un solo camino. Como expresó el Buda, "las enseñanzas sirven de guías, y estas guías son como salvavidas los cuales uno utiliza para cruzar a la otra orilla del río. Después de cruzar y llegar a tierra firme, lo dejas ir." El camino es uno en el sentido que nos dirige al mismo espacio interno, tal y como una brújula siempre nos marca el Norte. El camino es de regreso a sí mismo, el regreso a casa, el regreso a ti, a tu Yo Superior, a tu espíritu, tu Conciencia Despierta, tu Paraíso Escondido. Cada cual emprende su propio camino. Tú vas allanando el camino con cada paso que das. Eres un arquitecto paisajista diseñando el camino hacia el paraíso escondido de tu jardín interno. El camino es personalizado. Personalizas tu camino con tus pasos, tus percepciones, tus intenciones, tus pensamientos, tus experiencias, con tu estado de conciencia. En ese sentido cada camino espiritual es diferente. Pero ningún camino es mejor que otro. No se pueden ni se deben comparar. Cada cual emprende el camino de su viaje interno a su propio paso. No es importante que camines rápido o lento, sino que camines, que emprendas, que cultives el camino, que estés en él.

El camino espiritual de cada uno es un camino interno muy íntimo y cada camino es perfecto. Tal y como no podemos forzar a que los árboles frutales maduren a destiempo y fuera de su estación, así también nuestra conciencia tan solo florece en la primavera de su despertar más propicio. Entonces dedícate a cultivar y atender tu jardín con ternura y paciencia infinita, riega y nutre las semillas del Amor y la Compasión, de la Felicidad y la inclusión, para que estas germinen y se desarrollen con raíces profundas y fuertes. Tus frutos madurarán en el tiempo perfecto ofreciendo alimentación genuina, y tus flores ofrecerán un regocijo sublime para ti y todos los demás, una alimentación y una felicidad que abarcará todas las estaciones.

Y luego, algún día, en medio de tu abundante arbolada florida, despertarás ante la sabiduría que, después de todo, la estación para este florecimiento siempre acontece en la estación del AHORA, una época que jamás arriba ni muy temprano ni muy tardía, y en el momento de esta alucinante revelación te sonreirás con la gratitud y el regocijo de los grandes sabios.

EPÍLOGO

COMPLETANDO EL CÍRCULO

Nuestro más profundo deseo es sentirnos completos. Ahí comenzó mi viaje interno. A lo largo de mi viaje, me he dado cuenta que la verdadera Felicidad y el verdadero Amor son estados de conciencia, no son emociones como alguna vez pensé. He descubierto que los pequeños placeres de la vida simplemente despiertan nuestro estado inherente de Amor y Felicidad, despiertan la conciencia pura y simple de nuestro Ser el cual vive enmascarado por nuestro ego hasta el momento en que decidimos voltear el foco a la sabiduría de nuestro espacio interno. Nuestro Ser espera sin juicio, con paciencia infinita, y compasión por el momento de nuestro dulce reencuentro.

He aprendido que al descubrir quienes no somos, llegamos a quienes sí somos y a nuestro propósito o dirección en la vida—nos liberamos de la prisión de los lastres del pasado, de las emociones negativas y del ego, y encontramos el significado real de la verdadera Felicidad y del Amor porque, mientras nuestra conciencia permanezca dormida, buscamos la felicidad y el amor donde no se encuentran, en cosas y sentimientos efímeros, apegándonos a las cosas ilusorias de la vida.

Cada día reafirmo que entre más penetro a la intimidad de mi Ser, más plena me siento. Cada día y cada interacción me ofrece una nueva sorpresa para aprender, nuevos terrenos por descubrir, y oportunidades para seguir profundizando. Puedo palpar más claramente la sincronizidad de eventos, la inteligencia del Universo y el flujo natural de la vida, lo cual agradezco. Encuentro que el silencio, la quietud, la respiración, la meditación y la naturaleza me infunden con una paz interna profunda donde simplemente

Soy al estado más puro y auténtico de mi Ser, donde encuentro la raíz de mí misma, libre de toda etiqueta, libre de las cadenas de mi pasado y futuro, despierta en el aquí-ahora del momento presente.

El emprender mi viaje interno me ha ayudado a encontrar un buen balance a nivel personal y profesional donde he podido confluir mi propósito interno (mantenerme en el camino alineada a mi Ser) con mi propósito externo (todo lo que realizo en el mundo de las formas). He podido llegar a un nivel de aceptación y compasión por las capas del velo de mi "yo falso" del pasado, y por los "yo falsos" de las almas quebrantadas que formaron parte de mi pasado personal y mi pasado ancestral. Me he ido desprendiendo de emociones infructuosas asociadas a mis decisiones personales y a las decisiones ajenas, las cuales desencadenaron en este estado de mi despertar, más allá de una letanía de lamentos donde ahora comprendo que cada uno (de ellos y yo) hemos hecho lo mejor en base a nuestro sentido de sí mismos y de nuestros respectivos estados de conciencia en dichos momentos. En la alborada de esta nueva etapa de mi vida, veo sin mirar, con más claridad—veo con los ojos de mí Ser. Me considero una viajera en un viaje sin destino final, donde sigo cultivando mi camino, aprendiendo, y creciendo a diario. Mi viaje interno es mi propósito primordial, y en este propósito siento regocijo.

Tú también tienes acceso a este estado sublime de integridad y paz interna más allá del sufrimiento. El mundo de las formas nos presenta las lecciones de nuestra práctica espiritual a diario, no tenemos que ir muy lejos. Este viaje interno espiritual es un camino al redescubrimiento de tu Ser, de la verdad que has olvidado pero siempre has intuido por el sutil murmullo del manantial de tu alma. Mientras más profundo calas en tu camino, más se te ofrecen revelaciones enriquecedoras con cada estrato que vas escavando. Penetrando, sabes quién eres, reconoces que tu alma es el alma del universo que se hace consciente de sí a través de ti, completando el círculo de una relación íntima e infinita donde por fin descifras el misterio de tu origen y reconoces que eres la Totalidad. Confías en la sabiduría de la incertidumbre recibiéndola sin temor, con brazos abiertos, como una apertura milagrosa hacia la creatividad, la expansión, y la evolución espiritual la cual también refleja frutos materiales. Aquí confías plenamente en el orden y la sincronía perfecta del Universo la cual se desenvuelve a tus pies. Descubres que tus deseos y los deseos del Universo son uno. Descubres que el Universo susurra sus deseos a través del silencio y la quietud donde mora tu espíritu, donde escuchas con tu alma y te entregas como el canal propicio para manifestar la voluntad del Universo en el mundo de las formas. Es un estado de gracia y entrega, de fe o confianza, donde estás compenetrada con el Universo y todo fluye sin esfuerzo. Aquí, aunque estés solo o sola, no sientes vacío ni soledad.

Nadie te puede explicar este estado con precisión porque se extiende más allá de las limitaciones del intelecto, de los conceptos, y de las palabras. Esta experiencia es una experiencia personal con la Divinidad que nos une a todos, donde sabes que Eres Paz, Eres Felicidad, Eres Amor. Ya no te percibes como una persona fragmentada en un mundo fragmentado. Ya no te percibes como una persona incompleta con piezas quebradas o faltantes. Lo que antes percibías como piezas incoherentes del rompecabezas de tu vida, ahora se convergen en los elementos que componen la textura colorida de ricos patrones elaborados de un hermoso tapiz que sigues tejiendo con tus intenciones y tus acciones. Eres Uno con la Conciencia Divina del Universo. Tocas la realidad profunda de lo que Eres con lo mismo que Eres—tu Conciencia Pura—y tu corazón palpita al unísono del corazón Infinito del Universo. Tu viaje interno es como un circulo infinito en perpetuo movimiento, sin principio y sin final, que comienzas y continuas cultivando y nutriendo desde la profundidad expansiva de la Integridad de tu Ser.

Te deseo un feliz viaje a tu jardín interno. ¡Nos veremos en el camino!

REFERENCIAS

Banks, C. (1995) *The Essential Rumi.* San Francisco: Harper Collins

Capra, F. (1975, 1999) *The Tao of Physics, 4th ed.* Massachusetts: Shambala Publications, Inc.

Chopra, D. (1994) *The Seven Spiritual Laws of Success.* California: Amber-Allen Publishing

Chopra, D. (2004) *The Book of Secrets.* New York: Three Rivers Press

Dyer,W. (2014) *I Can See Clearly Now.* EEUU: Hay House, Inc.

Hanh, T. (1990) *Our Appointment with Life: Sutra on Knowing the Better Way to Live Alone.* EEUU: Parallax Press

Hanh, T. (1998, 2013) *The Heart of the Buddha's Teachings.* EEUU: Harmony Books

Hawkins, D. (2004) *Power VS. Force: The Hidden Determinants of Human Behavior.* EEUU: Hay House, Inc.

Hawkins, D. (2012) *Letting Go: The Pathway to Surrender.* EEUU: Hay House, Inc.

Joel Silver (Productor) & The Wachowski Brothers (Directores). (1999). The Matrix (Pelicula). EEUU: Warner Bros.

Teorema de Bell. (2015, 26 de mayo). *Wikipedia, La enciclopedia libre.* Fecha de consulta: 23:36, agosto 9, 2015 desde https://es.wikipedia.org/w/index.php?title=Teorema_de_Bell&oldid=82749855

The Book of Secrets

Tolle, E.(2005) *A New Earth: Awakening to Your Life's Potential.* New York: Dutton, Penguin Group.

Zukav, G. (1989, 2014) *The Seat of the Soul: 25th Anniversary Edition.* New York: Simon & Schuster.

NOTAS

[1] Capra, F. (1975, 1999) *The Tao of Physics, 4th ed.* Massachusetts: Shambala Publications, Inc. (pp. 310-313)

[2] La Kinesiología es una técnica donde se mide la fuerza muscular del participante mientras se le presenta estímulos variados. El estudio de David Hawkins, M.D., comprueba que los estímulos negativos y falsos debilitan nuestra fuerza muscular mientras que los estímulos positivos y fundados en la verdad fortalecen nuestro poder muscular. Hawkins, D. (1995) Hay House, Inc., Power vs. Force: The Hidden Determinants of Human Behavior

[3] La medición logarítmica representa un valor progresivo. Por ejemplo el nivel 300 no significa el doble de 150 sino 10 al poder de 300 (10^{300}). Significa que un incremento de pocos puntos incrementa significativamente el poder y enormemente el avance a nivel de conciencia. Hawkins, D. (1995) Hay House, Inc., Power vs. Force: The Hidden Determinants of Human Behavior

[4] Hawkins, D. (2012) Hay House, Inc., *Letting Go: The Pathway of Surrender*, pp 194-196

[5] Ibid

[6] Ibid

[7] Hawkins, D. (1995) Hay House, Inc., Power vs. Force: The Hidden Determinants of Human Behavior, pp 93-94, 261, 273, 275

[8] Hanh, T. (2010) Parallax Press, *Our Appointment with Life, Sutra on Knowing the Better Way to Live Alone*, p.9-11

[9] Van Gogh, Vincent (1889) Noche Estrellada (Starry Night), Museo de Arte Moderno, (MOMA) Nueva York

[10] Nietzsche, Friedriche, *Thus Spake Zarathustra: A Book for All and None* (New York: Viking, 1954), p. 288

Printed in the United States
By Bookmasters